한 번 배우면 평생 써먹는
ETF 투자법

일러두기

1. 이 책의 내용은 집필 시점의 시장 상황을 바탕으로 작성되었습니다. 시간이 흐름에 따라 일부 정보는 현재와 다를 수 있으므로, 투자 시점에 다시 확인하시길 바랍니다.

2. 이 책은 투자에 대한 정보 제공을 목적으로 하며, 특정 금융상품의 매수 / 매도를 권유하지 않습니다. 투자 판단은 독자의 책임이며, 사전 검토와 충분한 숙고를 권장드립니다.

3. 책에 언급된 사례는 이해를 돕기 위한 가상의 시나리오이거나 당시의 실제 사례입니다. 현재의 시장 흐름과는 다를 수 있으며, 투자 전략의 유효성은 개인별로 상이할 수 있습니다.

4. 이 책에서 제시하는 투자 원칙과 전략은 일반적인 정보를 바탕으로 하였으며, 개인의 재무 상황, 성향, 투자 목적에 따라 적절하지 않을 수 있습니다.

5. 저자는 독자의 투자 결정이나 그 결과에 대해 법적 · 재정적 책임을 지지 않습니다. 모든 투자는 위험을 수반하며, 손실 가능성에 유의하시기 바랍니다.

6. 이 책은 저자의 개인적인 경험과 견해를 바탕으로 작성되었으며, 보편적 진리로 받아들여서는 안 됩니다. 필요 시 전문가의 자문을 받으시길 권장합니다.

7. 이 책에 수록된 모든 내용은 교육 및 참고용으로 제공됩니다. 법적, 세무적, 재정적 조언이 필요한 경우 관련 전문가와 상담하실 것을 권장드립니다.

수익에 필요한 것만 배우고 바로 시작하자

한 번 배우면
평생 써먹는

ETF
투자법

윤타(윤영준) 지음

동양북스

주식계좌를 3개월 만에 봤는데 사기당한 것 같네요 ★★★★★

제목이 자극적이었나요? 저는 마케팅회사를 운영하는 '위사'라고 합니다. 이 글을 쓰는 이유는 얼마 전에 계좌를 열어봤는데, 윤타 님이 예전에 공부하고 투자하라고 했던 ETF에서 사기급 수익이 났기 때문입니다. 윤타 님 강의를 듣고 한창 공부하다가 요새는 본업에 집중한다고 공부를 못하고 있었는데요. 몇 달 전에 넣어놨던 ETF에서 수익률이 높게 나왔습니다. 개별 종목은 많이 안 해서 예수금 중 대부분을 넣어놨는데 이런 결과를 얻었네요. 평소 편안한 투자를 지향하는 윤타 님의 강의가 빛을 발휘한 것 같습니다.

- 위사 님의 수익인증 중에서 (2023. 4. 16)

ETF로만 한 달 100만원 수익 후기 (ETF 장점)

첫 번째, ETF를 배우면 평생 투자에 사용할 수 있습니다. 사골 국물처럼 평생 우려 먹을 수 있습니다.

두 번째, 모든 재테크 중에서 제일 쉽습니다. 한국 주식투자에서 ETF가 아닌 종목은 매일매일 시장 상황을 공부하고 투자해야 합니다. 하지만, ETF는 쉽다는 것이 제일 큰 장점이죠. "많은 공부를 하지 않아도 된다?" 네, 적금보다 쉽다고 생각합니다. 그런데 수익은 적금과 비교도 안 될 정도로 많죠.

이렇게 평생 사용할 수 있고, 쉽게 투자할 수 있는 ETF는 진짜 제대로 된 곳에 투자해야 합니다. 서점에서 책을 읽어보고, 다른 강의를 찾아보기도 했지만 ETF는 돈맛이 찐입니다.

- 슈슈 님의 수익인증 중에서 (2022. 8. 20)

그토록 바라던 월 천만원 달성했습니다! ★★★★★

1월에 지수가 하락하는 것을 보고 ETF로 몰빵해서 월 천만원 달성해보자고 생각했습니다. 그래서 어느 정도는 2월 아니면 3월에 될 거라고 예상했지만, 실제로 수익금액이 천만원 이상 적혀 있는 것을 보니 살짝 울컥하더라구요. (눈물 따위 모르는 대문자 T입니다.) 윤타 님, 멘토님들, 월천 회원님들께 감사드리며 앞으로도 꾸준히 하는 스너글이 되겠습니다.

- 스너글 님의 수익인증 중에서 (2024. 2. 22)

첫 달 수익인증 ★★★★★

윤타 님 덕분에 빠르게 성장할 수 있었고, '초심자의 행운'까지 따라왔는지 첫 달부터 생각지도 못한 수익을 낼 수 있었네요. 무엇보다 요즘 밝은 미래를 계획할 수 있는 하루하루가 너무나도 소중하고 행복하네요. 윤타 님의 한마디가 저의 가슴속에 박혀서 매일매일 저를 자극합니다.

"더이상 아끼지 마세요. 추가 소득을 늘리세요." 부동산, 미국 주식까지 어느덧 투자생활 5년차에 접어든 저는 오직 근로소득을 아끼고 아껴서 종잣돈을 늘려 투자한다는 생각뿐이었기에 윤타 님의 말이 신선한 충격이었고 가슴 설레는 말이었습니다. 동시에 소중한 인연인 파이어 님의 진심 어린 조언까지 더해져 더욱 돈맛에 몰입할 수 있었습니다. 진심으로 감사하다는 말씀을 드리고 싶습니다^^ 앞으로 더욱 전진해나가는 '끝장내기'가 되겠습니다!

- 끝장내기 님의 수익인증 중에서 (2024. 5. 1)

아들 셋 워킹맘이 8개월 만에 월 500만원 수익 낸 과정 ★★★★★

한 치의 거짓 없는 낑's 찐 매매 수익임을 인증합니다! (월급보다 많이 벌었다.)

- **코칭 1회차** : 저의 무의식을 건드려 주셨습니다! 처음은 가벼운 잔소리 하나 해주셨습니다. 보여주는 공부를 할 것인가? 수익 나는 공부를 할 것인가? 손으로 쓰는 공부는 품이 많이 든다. 바꿔라! 이때부터 디지털 낑이 되기로 합니다!
- **코칭 2회차** : 정말 안 놀고 티브이도 안 보고 안 자고 열심히 했는데… 원하는 대는 되지 않아 자존심도 상하고 자존감도 바닥을 치는 순간이 많았습니다! 윤타 안티 될 뻔했습니다! (안티 됐으면 나만 손해) 여기서 포기하면 안 된다고 다시 마음을 다잡았습니다! 윤타 님이 이야기했습니다. 주식을 할 때, 매매를 할 때 윤타가 되라고!

윤타 멘토는 코칭 이후에도 신경 안 쓰는 듯하면서 츤데레처럼 살펴주셨습니다. 그리고 저는 보답할 길이 수익인증밖에 없다고 생각하면서 집중했습니다. 이제 나는 자랑스러운 엄마이자 윤타 접신 투자자입니다.

- 낑 님의 수익인증 중에서 (2023. 11. 30)

[월간복기 2월] 드디어 이천만원 돌파! ★★★★★

2023년 12월 월천 돌파, 2024년 1월 월천 돌파, 2024년 2월 월이천 돌파.
인생은 삼세판, 못 먹어도 쓰리고~ 2월 목표까지 계획대로 잘 진행되었습니다. 금메달 딴 것처럼 기쁠 줄 알았는데, 그냥 무덤덤합니다. 운도 좋았고, 윤타 님을 비롯한 월천 회원님들이 에너지를 주셨습니다. 감사합니다. 2월 매매일지를 보면, 2월 매매일수는 19일. 다른 달에 비해 매매일수가 짧은 달. 그럼에도 불가능은 없다.

- 댕이별이 님의 수익인증 중에서 (2024. 3. 1)

[월간복기] 2연속 월천 달성 비법 공개

제가 공부했던 방식이 다른 분들에게 조금이나마 도움이 되길 바랍니다.

1. 매매 스타일 : 저는 단기 급소(짧으면 1~2일, 길어도 2주 이내 슈팅이 나올 수 있는) 위주로 매매하고 있습니다. 따라서 최대 2종목만 매매하며, 비중은 100%, 칼손절 또는 슈팅을 통해 순환율을 빠르게 가져갑니다.

2. 공부방법 : 기본적으로 매일 레버리지 채널 내 종목들과 키움증권 당일 시세종목(?)을 이용하여 차트 돌돌이를 합니다. 그 후 신문, 기사 or 테마가 특정 종목에만 반응하는지, 아니면 관련주들까지 다 반응하는지를 보고 재료를 가늠합니다. (관련주들 다 반응이 오면 재료가 크다! 대장주 차트 분석!)
그중 급소차트 대상종목+저가권에서 매집봉이 출현하는 종목을 관심종목으로 분류합니다. 그리고 SZ, 이평선, 장대양봉 캔들을 기준으로 디테일하게 매매 시나리오를 짭니다. 여러 종목이 대상일 땐, 모든 종목을 매매할 수 없으니 탑픽을 정하고 나머지는 매수밴드에 알람을 설정합니다.

여기서 제 수익의 비법!
관심종목들은 매매를 안 하더라도 계속 추적 관찰합니다. 그리고 나만의 데이터를 만듭니다. 이 종목은 장대양봉 이후 하락했네? 왜 하락했을까? 슈팅이 나왔네? 슈팅 나오기 전에 이런 패턴이 있구나! 등 이렇게 계속 추적 관찰하여 매매하지 않더라도 캔들과 거래량의 패턴(시그널)을 데이터화하는 게 정말 중요합니다.
저는 3월, 4월, 5월 정말 손실도 많이 보고 힘든 3개월을 보냈지만 포기하지 않고 꾸준히 이렇게 공부했습니다. 그 결과가 조금은 나오는 것 같아 뿌듯한 7월, 8월이었습니다. 앞으로도 꾸준히 할 수 있도록 열심히 하겠습니다.

- 나두월천 님의 수익인증 중에서 (2024. 8. 30)

수익을 내는 무기는
하나면 충분하다

이 책은 ETF에 관한 모든 걸 담지 않았다.

책의 구성과 분량을 맞추기 위해 실전 투자에서 쓰지 않는 내용을 억지로 채우지 않았다. 실전 투자를 통해 경험한 것을 토대로, 제3자(수강생)에게 알려주고 그 효과(수익 발생)를 확인한 것만 담았다.

이 책을 읽는 이유는 분명하다.

ETF를 마스터하려는 게 아니라 '수익'을 내기 위해서다.

이 책은 공부가 취미인 사람보다 돈이 목적인 사람에게 더 잘 맞다.

투자 경험이 쌓일수록 느낀다.

단순함이 본질이고, 본질이 수익을 만든다.

그래서 이 책은 오직 수익과 관련된 것만 남겼다.

당신의 무기를 날카롭게 벼리기 위해서.

주식은 '체득화'를 통해
'수익'을 낼 수 있다. 공부
한 걸 바로 실행하는 것
이 좋다.

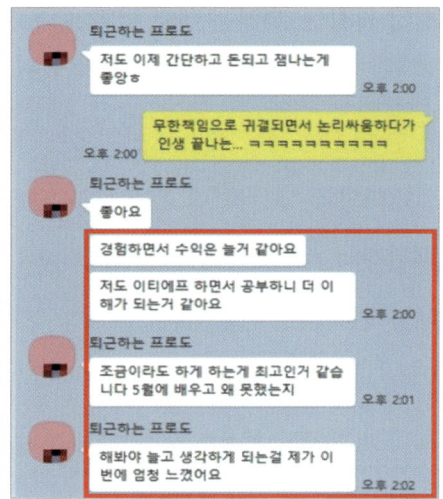

출처 : ETF 원데이클래스 후기, 2023년 11월 26일

Simple is Best

두 명의 투자자가 있다.

당신은 다음 두 사람 중 누구와 더 가까운지 생각하면서 읽어보자.

A는 투자공부에 관심이 많다. 국내 주식, 해외 주식, 부동산, 채권, ETF, ISA, IRP 등 유행하는 것이 있으면, 책도 사고, 유튜브 채널도 구독하고, 유료 강의도 들으면서 열심히 공부했다. 학창시절부터 공부를 잘해서 새로운 지식을 배우는 것에 어려움이 없었다. 그런데 아무리 공부해도 좀처럼 수익이 나지 않았다. 수익은 작고 손실은

점점 커졌다. 원하는 대로 결과가 나오지 않았다.

한편, B는 은행 적금이 만기되어 새로운 적금에 가입하려고 했다. 그러다가 은행 직원이 추천한 펀드에 월 적립식으로 100만원을 투자했다. (금융기관 중에서 가장 믿을 수 있는) 은행 직원의 말이라면 투자해볼 만하다고 판단했다. 하지만 결과는 처참했다. 원금이 반토막 났다. 금융상품이 좋아도 시기가 맞지 않으면 고점에서 사게 된다. 시기가 맞아도 금융상품이 현재 나의 재무상황과 맞지 않다면 역시 손해가 난다.

그렇게 B는 자신의 실패를 인정하고 투자공부를 시작했다.

이때 평범하지만 특별한 선택을 하게 된다. 바로 '딱 하나'만 공부하기로 결심한 것. 주식 거래시간에는 회사 일 때문에 아예 주식시장을 보지 못하고, 시장의 흐름을 따라갈 수 없다고 인정한 후 내린 결정이다. 그렇게 1년 동안 ETF만 공부하면서 투자했다. 엔비디아, 테슬라가 올라가고 비트코인이 급등해도 묵직하게 ETF만 공부했다. 그리고 결국, ETF 투자만으로 자신이 원하는 목표까지 이르렀다. 대박을 꿈꾸는 사람보다 수익은 적었지만 만족했다.

당신이 A보다 B와 같은 투자자이길 바란다. 투자수익으로 집도 사고 차도 바꾸고 경제적 자유에 다가갈 수 있는 사람은 B이기 때문이다.

투자는 날카로운 칼을 잘 다루는 것과 같다.

A처럼 도끼, 활, 총, 칼을 주렁주렁 매달고 전장에 나가면, 결국 어떤 무기도 제대로 쓰지 못하고 끝난다. 무기가 많다고 승리하는 게 아니다. 나는 이런 투자자를 '맥가이버 투자자'라 부른다.

어렸을 때 지하철 노점에서 맥가이버 칼을 산 적이 있다.

칼, 가위, 드라이버, 톱, 와인 오프너, 족집게까지.

기능은 화려했지만, 실전에서 제대로 써본 적은 한 번도 없었다.

겉보기엔 멋있지만, 막상 필요할 땐 어떤 기능도 믿을 수 없었기 때문이다.

■ **다양한 기능이 달린 '맥가이버 칼'의 쓰임은?**

투자도 마찬가지다.

이것저것 다 아는 척하고 온갖 자료와 이론을 쌓아두지만, 막상 시장 앞에 서면 아무것도 실행하지 못한다.

내가 가장 잘 다룰 수 있는 무기 하나만 가지고 전쟁터로 가야 적군을 쓰러뜨릴 수 있다. 그러기 위해선 아주 날카롭게 칼을 갈고 평소에도 계속 써야 한다. 그러면 칼과 물아일체物我一體의 경지까지 오르게 된다.

오직 수익만을 생각하며 행동하는 '사골 ETF'

나는 2016년부터 지금까지 ETF 투자를 해왔다.

특히, 가장 자신 있는 지수 ETF 투자를 꾸준하게 해왔다. 주머니 사정에 따라 투자금의 크기가 달라졌지만 계속 ETF 투자를 했다. 그 노하우와 경험을 주변 사람들에게 공유했고, 그것이 입소문이 나면서 강의도 시작하게 됐다. 현재도 내가 운영하는 네이버 카페에 수많은 수익 인증글이 올라오고 있다.

내가 확실하게 효과를 봤던 ETF 투자법을 '사골 ETF'라고 이름 붙였다. 한 번 배워두면 평생 써먹을 수 있고, 사골을 우려내는 것처럼 갈수록 진하게 돈맛(수익)이 더해지기 때문이다.

ETF 투자의 장점 4가지는 명확하다.

1. 최소한의 시간으로 지속적인 투자가 가능하다.

일단 배워두면 계속 써먹을 수 있다. 다른 투자법은 배울 때는 알겠는데 시간이 지나면 다시 원점으로 돌아가는 경우가 많다. 하지만, 이건 쉽고 안정적이라서 치매 걸릴 때까지 써먹을 수 있다.

2. 한국 경제가 망하지 않는 한 계속 써먹을 수 있다.

4장에서 본격적으로 다룰 지수 ETF 투자법은 '한국 경제'에 투자하는 것이라고 생각하면 된다. 자세한 건 본문에서 습득하면 된다. 그렇다고, 마음이 급해서 4장만 보면 이해가 안 된다. 인생 최고의 도둑놈은 '조바심'이다.

3. (투자 의지와 관심만 있다면) 쉽다.

투자 재능이 있거나 똑똑한 사람만 할 수 있는 투자법이 아니다. 하루에 5분만 스마트폰 볼 시간을 낼 수 있으면 투자를 시작할 수 있다. 펀드, 국내 주식(스윙, 단타, 중장기) 및 해외 주식을 못하는 사람들도 ETF 투자에서는 수익을 곧잘 냈다. 그래서 나는 은행 예/적금만 하던 사람이 처음 '투자'를 한다고 하면 주저 없이 ETF 투자를 추천한다. 내 아들딸이 투자를 시작하겠다고 해도 ETF만 가르쳐줄 것이다. ETF만으로도 투자의 본질을 깨달을 수 있기 때문이다.

그 감을 익힌 후엔 혼자서 공부할 수 있을 거라고 믿는다.

4. 주식시장을 실시간으로 확인할 필요가 없다.

증권사의 자동주문 기능을 활용하면 매수/매도를 자동으로 해준다. 결혼 및 이직 준비, 중요한 시험, 개별 종목 투자가 뜻대로 되지 않아 의욕이 떨어질 때도 ETF 투자를 해서 시장에서 이탈하지 않을 수 있다.

'이 투자법대로 한다면 수익이 날 것 같은데?'
'이 방법으로 ETF 투자를 하고 싶다.'

이런 생각이 든다면, 이 책은 역할을 다했다고 생각한다. 책값 한 거다. 이 책의 목적은 ETF 투자 고수를 만드는 게 아니라, 왕초보 투자자가 '기준'을 가지고 수익을 낼 수 있는 중수의 길에 들어서도록 돕기 위한 것이다.

나도 당신과 다르지 않다. 지금도 공부하고 부딪치며 수익을 만드는 길 위에 있는 아주 평범한 투자자다.

'오직 수익만을 생각하고 행동한다.'

이것이 나의 투자 철학이다. 책상 위의 제갈량보다 전장 위에서 적군을 베는 관우, 장비가 되길 바란다.

특히, 글로 설명하기 어려운 것들은 특별강의(큐알코드)로 공개하였다.

책값보다 10배 이상 큰 값어치가 있으니, 책과 함께 반복해서 보기를 권한다.

이제, 하나의 무기로 수익을 내는 여정을 함께 시작해보자.

3장 ETF 투자의 기본

4장 첫 번째 수익무기 '지수 ETF'

특별부록

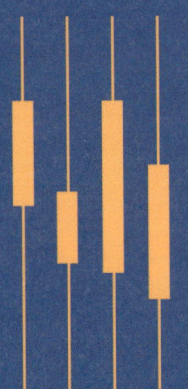

한 번 배우면 평생 써먹는
ETF 투자법

1장

수익에
필요한 것만
배우고
시작하자

01

수익에 필요한 것만 배우고,
실전 투자를 해야 하는 이유

처음 재테크를 공부하면서 소액으로 투자할 수 있는 게 금융상품
이라고 생각했다. 그래서 주식, ETF 중심으로 투자를 시작했다.

시간이 지나 부동산 투자도 대출을 활용하면 소액으로 할 수 있다
는 것을 알게 되었다. 그래서 지역에 있는 부동산 스터디를 가입하
고 참석했다.

설렘을 안고 참석한 부동산 스터디였지만 오히려 혼란스러웠다.
쓰는 단어도 생소하고 무슨 의미인지 와닿지 않아서 어리버리하게
끝났다.

'부동산은 하나도 모르니까 처음부터 알려주세요.'

이렇게 말할 수 없었고, 집에 돌아가는 길에 잘 나간다는 부동산 책 2~3권을 샀다. 책도 두껍고 많은 내용이 들어가 있어서 뿌듯했다. 하지만 난 그 책을 조금만 읽고 덮어 버렸다. 너무 많은 내용이 들어가 있어서 뭐가 중요한지 전혀 알 수 없었다. 자연스럽게 흥미가 떨어졌고, 그 책들은 책장에 꽂혀 있다가 이사 갈 때 재활용 박스에 들어갔다.

Simple is Best.
그래서 이 책이 나왔다

이 책에는 엑기스만 담았다. 2016년부터 지금까지 투자, ETF를 전혀 몰랐던 사람에게도 ETF가 강력한 수익무기가 되도록 만들어주었던 비법이다.

ETF 투자에 관한 모든 것을 담지는 않았지만 수익을 내기 위한 준비로 부족함이 없다고 자신한다. 내가 모르는 무언가가 있지 않을까라는 의심을 하기 전에 이 책에 언급했던 내용을 올바르게 숙지하고 있는지부터 점검하자.

우리는 ETF 박사가 되려는 것이 아니다. ETF 투자를 통해서 수익을 내려는 것이다.

한 번 배우면 평생 써먹는 ETF 투자법

제갈량같이 똑똑한 사람은 세상에 노출되어 있다.
그 사람들을 활용하면 된다. 굳이 제갈량이 되지 말자.
우리는 수익만 챙기면 된다.

02
기준을 가지고 낸 수익 1만원 vs 기준 없이 운으로 낸 수익 100만원

주식 투자를 잘하는 사람은 예외 없이 자신만의 '기준'이 명확하게 있다. 그 기준을 세우기 위해 책도 보고, 강의도 듣고, 수없이 복기하며 연습한다. 그래서 초보 투자자에게 늘 이렇게 말한다.

"기준을 지켜야 살아남는다."

기준을 중심으로 매매를 하면 승률도 높아지고 작은 수익이 반복되며 자신감과 실력이 함께 자란다. 이때부터 주식 투자의 복리효과가 시작된다.

문제는, 기준을 지키는 초보자가 거의 없다는 것.

POINT ————

뇌동매매

투자자의 독자적이고 확실한 시세 예측에 의한 매매거래가 아닌 남을 따라 하는 매매를 말한다.

실전 투자를 시작하면 다 잊는다. 머리가 새하얘지고, 뉴스나 커뮤니티에 휘둘려 뇌동매매*를 하게 된다.

단타 매매를 배우고 다음과 같은 기준을 세운 초보자가 있다고 가정하자.

- 기준 1 : 전날 거래량/거래대금이 터진 장대양봉 종목을 본다.
- 기준 2 : 장 시작 후 갭 상승 종목은 피한다.

그런데 장이 시작되자, 갭 상승하면서 급등하는 종목이 눈에 들어온다. 순간 머리를 스쳐가는 생각.

'지금 사야 해! 이건 대박이야!!'

'조금만 넣어보자.'

결국 기준을 무시하고 매수. 수익이 났다. 하지만 이것은 '실력'이 아닌 운이다. 상대에게 진실을 말하는 순간, 감정이 상해 안티가 될 수 있기에 용기를 내지 못한다. 겉으로는 수익을 축하하지만 마음속으로는 그게 축복이 아닌 불행이라는 것을 알고 있다. 이미 수많은 투자 선배들이 그렇게 시장에서 퇴출되었다.

실력과 운이 어울러져 수익이 나온다.

그렇다면 실력의 비율을 높여야 한다.

실력을 높이는 방법이 바로 '기준을 가진 경험'이다.

기준의 힘은 처음엔 작아 보이지만 꾸준하게 하다 보면 끓는점에 도달하면서 실력이 급상승한다. 게임처럼 얼마만큼 노력하면 레벨업하는지 보이지 않아서 지루하고 고되다. 하지만 결국 방향성만 맞다면 반드시 수익 나는 투자자로 거듭나게 될 것이다.

그렇게 전업투자자가 아닌 사람들을 트레이닝하면서 월 1,000만 원 이상 수익을 내는 투자자로 변신시켰다.

매일매일 변화Change에 도전하면 언젠가 변신Transformation할 수 있다. 기준이 없는 수익 100만원보다, 기준이 있는 수익 1만원이 훨씬 값지다.

투자수익에서 기준을 지키며 실력으로 수익을 내라.
그러다가 운이 맞아떨어지면 큰 수익도 얻게 될 거다.
그때가 진짜 투자자로 거듭나는 순간이다.

오직 독자를 위한 특별강의 1 **인사** **시가총액, 주가, 거래량**

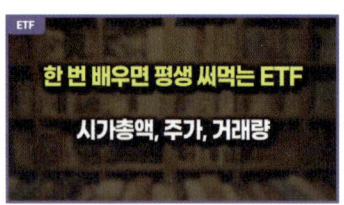

03

복기 없는 반복매매는
깡통계좌의 지름길

주식 투자를 하면서 실력을 가장 빠르게 향상시키는 방법은 '복기'다.

복기 = Review = 복습 = 셀프 스터디

POINT ─────

복기

처음부터 다시 보는 것을 의미한다. 바둑에서, 한 번 두고 난 바둑의 판국을 비평하기 위하여 두었던 대로 다시 처음부터 바둑돌은 놓는 것이다.

이렇게 비슷한 뜻의 단어들로 대체할 수도 있지만, 복기[*]가 가장 적합한 뜻이다.

복기를 할 때는 종목 선정부터 비중/배정, 매수/매도 타이밍 등 꼼꼼히 투자 과정을 되짚어본다.

이때 투자 당시의 '심리' 상태를 다시 점검해보는 것이 제일 중요하다. 투자 과정 속에 하나하나가 심리와 연관됐기 때문이다.

'기법技法 위에 심법心法 있다'라는 말이 있을 정도로 투자 과정의 심리를 체크하는 것은 매우 중요하다.

- 상한가를 가는 종목에 왜 3%밖에 수익을 못 냈는지
- 20일선이 무너졌을 때 왜 60일선까지 보게 되었는지
- 본인 기준이 갑자기 바뀌지는 않았는지
- 좋다는 얘기를 듣고 무턱대고 매수하지 않았는지
- 거래량을 제대로 체크 못했는지
- 아이를 유치원에 보내야 해서 급하게 매매했는지
- 감정이 좋지 않은 상태에서 뇌동매매를 한 것인지
- 손절 라인을 짧게 잡았는데 어떤 부분에서 나아졌는지 등

이런 식으로 복기를 해야 한다. 그래야 주식 투자 인생도 달라진다. 복기는 컴퓨터로 정리해도 좋고, 노트에 작성해도 좋다. 복기만 꾸준히 한다면 기준과 복기 없이 10년 주식 투자한 사람들을 몇 달 만에 따라잡을 수 있다.

처음에는 워드나 엑셀 같은 프로그램보다 직접 손으로 투자 흐름을 기록하길 추천한다. 투자노트를 하나 마련하는 것부터 시작해보자.

나는 주식과 부동산 모두 투자노트를 기록하고 있다. 주식은 내

가 투자한 종목에 대해 날짜와 함께 리뷰를 계속 쌓아왔다. 이 투자 노트가 쌓여 지금은 엄청난 자산이 되었다.

투자노트를 쓰다 보면 나보다 먼저 투자로 성공한 사람의 '기준'을 발판 삼아 나한테 최적화된 기준이 만들어진다. 본인의 성향과 투자 환경을 반영한 맞춤형 수익실현 매뉴얼이다. 이보다 더 좋은 매뉴얼은 없다.

투자노트를 마련하자. 지금 당장.
천 원짜리 투자노트 1권을 제대로 쓰는 게 수백만원짜리 투자 고수 강의를 듣는 것보다 중요하다.

일단, 숫자와 친해져라

나는 투자 복기를 시작할 때 숫자 중심으로 본다. 숫자는 매우 객관적이기 때문에, 숫자 다루는 연습을 할수록 불필요한 감정이나 복잡한 해석을 줄일 수 있다. 결과적으로 사고가 단순해지고, 명확한 데이터를 근거로 삼아 자신의 주장에도 힘이 실린다. 투자는 나 자신을 설득하는 과정이기도 하다.

예를 들어보자.

'1'이라는 숫자를 보면 나도, 당신도, 누구라도 똑같이 1이라고 인

■ **삼성전자 일봉 차트 (2023년 2월 13일)**

식한다. 개인적인 감정이나 해석이 끼어들 여지가 없다. 숫자는 그렇게 명확하다. 그럼 이제 그림을 하나 보자.

주식 차트는 기업명을 제외하면 거의 모든 정보가 숫자로 이루어져 있다. 이 숫자들의 움직임과 의미를 정확히 읽어내는 것이 중요하다. 특히 우리가 집중해서 봐야 할 숫자는 '시가총액', '주가', '거래량'이다.

POINT ─────

뇌피셜

뇌(腦)와 오피셜(Official, 공식 입장)을 합친 말이다. 자기 머리에서 나온 생각이 사실이나 검증된 것처럼 말하는 행위를 뜻한다.

숫자에 익숙하지 않은 사람은 차트를 봐도 눈이 잘 가지 않는다. 그래서 큰돈을 걸고도 결국 뇌피셜★과 감성에 의존한다. 이런 뇌피셜 투자자들의 엔딩은 뻔하다. 돈을 잃고, 감정은 상하고, 누군가를 원망하며 주식시장을 떠나는 것이다.

수익금을 키우고 싶다면? 복기로 주식 그릇을 키우자

내가 실제로 복기했던 예를 하나 살펴보자. 어떻게 해야 할지 도움이 될 것이다. (오피셜하게 공개하는 것은 처음이다.)

국내 주식/ETF를 투자하면서 초반에는 10만원 이내 소액으로 여러 종목을 매매하면서 감각을 익혀갔다. 그리고 어느 정도 시장 흐름과 한국 주식의 본질을 이해하기 시작했다. 그 후로는 비중을 실어(1종목에 1천만원 이상) 1달에 2~3종목을 매매하는 편이다. 그렇게 매매가 끝나고 나면 나만의 투자노트를 기록한다. 투자 기간이 길어질 때를 대비해 보유 종목을 모니터링하면서 느꼈던 감정과 생각을 마구잡이로 스마트폰 메모장에 기입한다. 그리고 매매가 끝나면 따로 워드/PPT 파일로 정리한다. 그 투자노트의 예시를 살펴보자.

■ **유니온머티리얼 (2022년 8월 9일)**

재무, 차트, 재료 3박자를 갖춘 종목이 시장하락으로 인해서 주가가 하락한다 -> 저가매수의 기회이다.
그러나 매수를 하지 않는다. 거래량이 터진 장대양봉이 나올 때까지는 관망한다.

■ **유니온머티리얼 (2022년 8월 9일)**

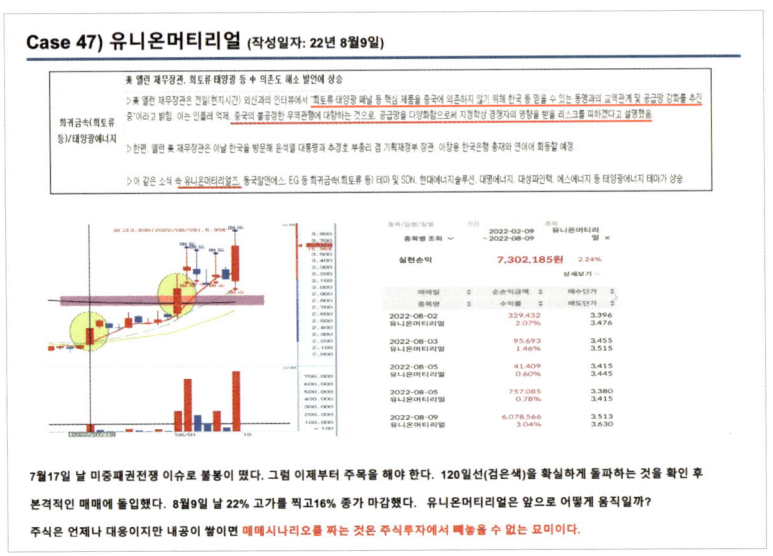

Case 47) 유니온머티리얼 (작성일자: 22년 8월9일)

7월17일 날 미중패권전쟁 이슈로 불붕이 떴다. 그럼 이제부터 주목을 해야 한다. 120일선(검은색)을 확실하게 돌파하는 것을 확인 후 본격적인 매매에 돌입했다. 8월9일 날 22% 고가를 찍고16% 종가 마감했다.   유니온머티리얼은 앞으로 어떻게 움직일까?

주식은 언제나 대응이지만 내공이 쌓이면 매매시나리오를 짜는 것은 주식투자에서 빼놓을 수 없는 묘미이다.

* 불붕 : 거래량이 터진 장대양봉   출처 : 윤타 투자노트 2022년 8월 9일

투자노트를 200% 활용하는 팁이 있다.

❶ 기간이 지난 투자노트를 볼 때는 작성일을 반드시 확인한다.

❷ 투자노트는 잘못된 투자보다 '잘된 투자'를 기록한다. 수능시험의 경우 오답노트가 도움이 되지만, 투자노트의 경우 잘된 것을 기록하면서 슬럼프에 빠졌을 때 리마인드하기 위한 용도로 활용한다.

❸ 투자노트를 볼 때 반드시 해당 종목의 차트와 함께 본다. 그래야 그 흐름을 이해할 수 있다. 지수 차트도 함께 보면 더 좋다. 개별 종목 리스크인지, 시장 리스크인지 구별하는 것도 도움이 된다.

■ 유니온머티리얼 (2022년 8월 9일)

Case 47) 유니온머티리얼 (작성일자: 22년 8월9일)

일자	주가	등락폭	등락률	거래량	개인	외국인	기관	프로그램	금융투자	보험
2022/08/09	3,835 ▲	500	15.95%	77,084,880	-534,228	480,613	54,059	587,132	5,350	0

월봉/주봉의 추세돌파를 확인 할 수 있다. 그리고 2년간의 주가/시간 조정이 있은 후에 상승이다. 한번 더 강한 슈팅을 기대할 수 있다.

8월9일 상승 날에도 외국인/기관/프로그램 쌍끌이 매수가 이루어졌다. 개인투자자만 팔고 나갔다. 5일간의 수급도 좋다.

(외국인 프로그램 순매수누적 량 상승)

출처 : 윤타 투자노트 2022년 8월 9일

❹ 나는 투자노트 케이스 하나 작성하는데 최대 4시간까지 써봤다. 다른 누군가의 투자(매매) 복기를 볼 때는 꼼꼼하게 보면서 하나하나 씹어먹는 게 중요하다. 케이스 하나로만 2시간 동안 스터디할 수도 있다. (실제로 지금도 오프라인에서는 인사이트 스터디라는 방식으로 참여자들이 한 종목을 가지고 깊게 살펴본다.)

오직 독자를 위한 **특별강의 2** **복기&투자노트**

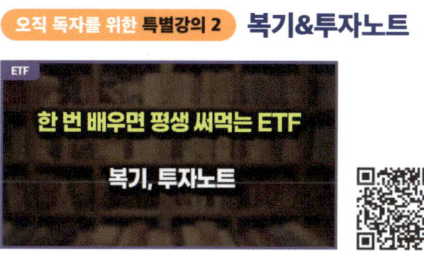

'나는 몇 프로까지 끌고 갈 수 있을까?'

이제 막 주식에 입문한 사람이라면 1%라도 수익 내는 법을 익히고 5% → 10% → 30% → 50% → 100% 이렇게 차근차근 그릇을 키워 나가야 한다.

투자의 그릇이 커지면 수익률은 자연스럽게 커진다.

그릇을 키우는 방법? 다른 방법 없다. 견뎌야 한다.

그릇을 키우는 데 최고의 무기 '반반이 스킬'(4장)을 배우면 편안하게 그릇을 키울 수 있다.

사람은 반복을 통해서 실력이 향상된다. 투자 복기 습관을 제대로 익히고 무한히 반복한다면 주식시장의 승리자가 될 수 있다. 또한, 그렇게 믿는 것도 중요하다.

**복기 하나하나의 스토리story를 자양분 삼아
당신의 투자 성공 히스토리history로 만들기를 응원한다.**

더닝 크루거 효과 (무지에서부터 깨달음까지)

① **무지** : 투자 입문자가 투자를 시작하는 이유는 '언론에서 시장이 좋다는 뉴스를 접했거나, SNS에서나 지인들이 돈 벌었다는 이야기를 들었을 때'가 많다. 또한, 한국 사람들은 돈과 투자에 보수적인 경향

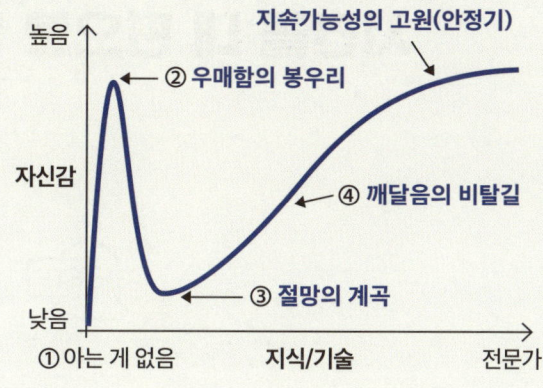

이 있다. 그래도 현명한 사람들은 책을 읽고 투자를 시작한다. 그렇게 '무지'에서 탈출한다.

② **우매함의 봉우리** : 처음 투자를 시작했을 때 '초심자의 행운'이 발생하는 경우를 자주 본다. 의욕도 활활 타오른다. 수익까지 나면 날개를 달 것이다. 여기서부터 공부를 등한시하고 '수익'만 맹목적으로 쫓게 되면 안 좋은 습관들이 몸에 배기 시작한다.

③ **절망의 계곡** : 시장이 계속 순탄하게 우상향하면 좋겠지만 그렇지 않다. 주식은 오르고 내리는 성질이 있다. 오르면 반드시 내린다. 시장 하락을 맞이하면 보유 종목이 모두 물리고 현금은 없다. 여기서 최악은 적금을 깨거나 대출받아서 투자금을 더 넣는 경우다. 계좌는 파랗게 물들고 투자 의욕을 잃게 된다. 남 탓을 하기 시작하면서 공부와 멀어진다. 여기서 공부 무용론까지 가면 회의론자가 되기도 한다.

④ **깨달음** : 옆에서 잡아주는 투자 멘토가 있거나 스스로 절망의 계곡에서 빠져나가는 경우가 있다. 충분히 고통을 맛봤고 '이해'보다는 '인정'의 영역으로 들어오면서 투지시장과 돈에 대해 받아들이는 폭이 넓어진다. 그리고 이전보다 더 강력한 투자자로 변신한다. 수익은 덤이다.

04

시간을 내 편으로 만들어라

"시간은 모든 이에게 공평하다."

누구나 한정된 시간, 하루 24시간을 가진다.

그러나 투자 세계에서 시간은 결코 공평하지 않다.

개인투자자, 기관 투자자, 외국인 투자자. 이 셋은 시간 앞에서 전혀 다른 무게를 짊어진다.

기관과 외국인 투자자는 언제나 '시간'과 싸운다.

그들은 자본가 고객의 기대치를 만족시켜야 한다. 수익이 제때 나오지 않으면, 고객의 돈은 빠져나간다. 매 분기, 매 반기, 매 해마다 '성과'를 보여줘야 한다.

시간의 압박을 이겨내고 결과를 내야 하는 경우가 생긴다. 시간에 쫓겨 움직이고, 시장의 단기 흐름에 민감하다.

반면, 개인투자자는 다르다. 시간을 적으로 둘 필요가 없다.

오히려 시간은 개인의 가장 강력한 무기다. 누구에게도 설명할 필요 없다. 분기마다 수익을 내지 않아도 좋다. 1년이 걸려도, 5년이 걸려도, 진짜 기회가 무르익을 때까지 기다릴 수 있다.

개인투자자가 '시간'과 싸우게 되면 기관, 외국인 투자지보다 열악한 투자 환경과 심리에 처할 확률이 높다.

시장은 본질적으로 '시간을 견디는 사람'에게 큰 보상을 준다.

이 단순하지만 강력한 전략은 오직 시간과 함께할 수 있는 개인만이 사용할 수 있는 무기다.

일반적으로 개인투자자가 기관, 외국인 투자자를 이기기 어렵다고 생각한다. 주식 투자를 어느 정도 하신 분들은 인정하는 부분이다. 100번 붙으면 90번 기관과 외국인이 이긴다. 10번 정도 개인투자자가 이기는 경우를 가지고 우기는 사람이 있을까 봐 미리 말한다.

90% 이상 승률이면 이기는 것이다. 투자의 세계에서 100%는 없다. 그러면 왜 기관과 외국인 투자자를 이기기가 힘들까?

우선 기관/외국인 투자자는 돈(자금)이 엄청 많다. 5천억 원 이상을 하나의 종목에 투입할 수 있는 개인투자자는 거의 없지만, 기관과 외국인 투자자는 가능하다.

높은 가격에 사도 떨어질 때마다 계속 살 수 있다면 평균 매수 단가가 점점 낮아진다. 심리적인 부분인데 기관과 외국인 투자자는 남의 돈으로 투자한다. 본인 돈이 아니기 때문에 대충할까? 아니다. 오히려 더 신중하게 투자한다.

예를 들어, 개인투자자가 본인 돈 100만원으로 주식 투자를 할 때 얼마나 많이 고민할까? 얼마만큼 분석할까? 매번 차트, 수급, 재무, 그 외에 다양한 변수에 대한 사전 조사, 추리를 할까? 대부분 이렇게까지는 하지 않는다. 본인 돈이기 때문이다. 예상 외로 본인 돈으로 하는 주식 투자에 대해 굉장히 관대한 모습을 보이는 게 개인투자자다.

또 하나 이유가 있다. 기관과 외국인은 한 번에 많은 금액을 매수/매도한다. 그렇다 보니 호가가 맞아야 한다. 개인투자자도 한 번에 3억, 10억 원 단위로 매수하는 사람들이 있다. 그런데 기관과 외국인은 그것보다 10배, 100배 큰 단위로 거래한다. 그렇다 보니 매수/매도가 쉽게 이루어지지 않아서 더 칼날 같은 타이밍을 볼 수밖에 없다.

개인투자자는 어떨까? 그냥 손가락으로 툭! 하면 체결된다. 요즘에는 MTS(모바일증권사 APP)가 많이 발달해서 매수/매도가 더 쉬워졌다.

한 번 배우면 평생 써먹는 ETF 투자법

그럼 개인투자자는 주식 투자를 할 때 불리하기만 할까? 그렇지 않다. 승률이 높은 매매 스타일(기법)과 기준이 잡혀 있다면 기관과 외국인보다 더 편하게 투자할 수 있다.

왜냐하면 기관과 외국인은 펀더멘탈이라든지 그 기업에 대한 여러 가지 분석을 꼭 해야 한다. 안 그러면 투자 컨펌(승인)이 나지 않기 때문이다.

기관과 외국인 투자자는 그들대로 투자하게 내버려 두자.

우리는 우리대로 투자하면 된다.

워런 버핏의 책을 잠시 책장에서 빼놓은 이유

처음 투자 공부를 시작하면 워런 버핏, 찰리 멍거, 로버트 기요사키와 같은 투자 대가들의 책을 읽으라는 조언을 많이 듣는다.

나도 그랬다. 재테크와 투자 분야에서 유명하다는 사람들의 책을 닥치는 대로 읽었다. 하지만 시간이 흐를수록 한 가지를 깨달았다.

그 책들은 내 투자 수익과는 생각보다 거리가 멀었다.

그래서 지금은 잠시 책장에서 내려놓고 거리를 두고 있다. 그 이유는 다음과 같다.

1. 미국시장은 '대한민국 투자시장'과 다르고, 그들은 한국사람이 아니다

워런 버핏은 "좋은 기업을 싸게 사서 오래 보유하라"고 말한다.

하지만 그 말이 한국시장에선 생각보다 잘 통하지 않는다. 한국은 미국보다 기업 수명이 짧고, 산업 순환도 빠르다. 단순히 좋은 기업을 사서 오래 들고 있기만 하면, 오히려 정체되거나 하락하는 종목을 오래 끌고 가게 될 가능성이 높다.

워런 버핏이 투자 원칙을 세운 배경, 찰리 멍거가 기업을 바라보는 시각, 모두 미국이라는 시장 구조 위에서 만들어진 것이다.

기업 문화도, 자본시장법도, 세금도 다르다. 애초에 출발선이 다른데, 그들의 말을 복사해서 붙인다고 수익이 날 거라 기대하는 건 무리다.

한국시장은 미국시장과 '다르게' 움직인다.

게다가 세금, 공시제도, 유동성 문제도 다르다. 배당 투자나 가치 투자를 해보면 금방 느낄 수 있다. "같은 전략인데, 왜 미국은 되고 한국은 안 되는 걸까?"라는 의문이 생긴다. 그게 바로 '버핏의 방식'을 한국시장에 그대로 적용할 수 없는 이유다.

그럼 미국 주식, 미국 상장 ETF로만 수익을 내면 될까? NO! 우리는 한국에서 일하고 그 대가로 '원화'를 받는다. 달러로 바꾸려면 원화가 필요하다. 그리고 국내 상장 주식형 ETF는 매매차익에 대해 비과세다. 국내 증시에 상장된 해외 주식형 ETF는 환전은 필요 없지만 매매차익에 대해 양도소득세가 부과된다.

2. 동기부여, 마인드 100번 잡는 것보다
작은 실행 1번이 더 중요하다

유명 투자자의 철학을 백 번 공부해도 계좌 수익으로 직결되지 않는다. 유튜브로 수백 개의 동기부여 영상을 봐도 투자 실력이 늘지 않는다. 이건 투자뿐만 아니라 삶의 전반적인 영역에서도 마찬가지다.

결국, 중요한 건 '기준'과 '루틴'이다.

수익을 내려면 나만의 투자 기준이 필요하다.

그 기준은 멋진 글귀에서 나오는 게 아니다.

반복적인 액션 플랜, 점검된 루틴 속에서 만들어진다.

루틴이 만들어지면, 마인드는 저절로 따라온다.

사실, 수익이 나면 마인드는 알아서 좋아진다.

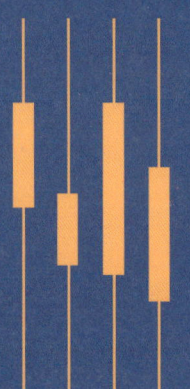

한 번 배우면 평생 써먹는
ETF 투자법

01

돈이 지나가는 길
돈의 흔적 '주가'

ETF는 펀드라는 껍데기를 썼지만, 속을 들여다보면 알맹이는 주식에 가깝다. 따라서 ETF를 제대로 이해하려면, 펀드가 아니라 '주식'의 본질부터 살펴봐야 한다.

왜 사람들은 주식 투자를 할까?

재무제표를 분석하기 위해서? 아니면 논문을 쓰기 위해서?

그럴 수도 있지만, 대부분은 단 하나의 이유 때문이다. 돈을 벌기 위해서.

기업은 자본을 조달하기 위해 주식을 발행하고, 개인은 수익을 얻기 위해 주식을 매수한다. 주식은 현물이며, 물가를 반영하고, 무엇보다도 사고팔 수 있는 '유동성 있는 자산'이다.

경영권, 의결권 같은 복잡한 논의는 지금 단계에선 중요하지 않다.

핵심은 하나다. 주식은 곧 돈이다.

모든 시장에는 룰이 있다.

격투기 무대에서는 힘과 기술이 있는 파이터가 왕이다.

그렇다면 자본시장, 즉 돈의 무대에서는 누가 왕일까?

돈이 많은 사람, 즉 자본가가 왕이다.

개인은 분석하고 예측하려 애쓰지만,

이 시장에서 판을 짜고 움직이는 건 언제나 자본가들이다.

기업의 대주주, 기관 투자자, 외국계 자본, 세력이라 불리는 이들.

그들의 돈이 언제 들어오고 언제 나가느냐에 따라 주가가 움직이고, 시장 전체의 흐름을 만든다.

개인은 보통 이 흐름에 반 박자 늦다. 왜냐하면 우리는 결과를 뉴스로 듣고, 이미 지나간 차트를 보기 때문이다.

하지만 자본가들도 숨기지 못하는 것이 딱 하나 있다.

바로 돈의 흐름이다.

돈이 들어오면 주가는 오르고, 돈이 빠지면 주가는 떨어진다.

그 흔적은 '주가'라는 숫자에 그대로 남는다.

주식시장에서는 기업 가치보다 돈의 흐름이 먼저 반영된다. 왜냐 하면 주식은 실적보다는 기대감이 가격의 영향을 더 크게 미치기 때 문이다.

'기대감'을 가장 먼저 만들 수 있는 자들은 언제나 자본가다.

개인투자자는 이 본질을 잊지 말아야 한다.

가치를 예측하기보다 돈의 흐름을 쫓아야 한다.

그 흐름이 만든 주가를 기준으로 판단해야 한다.

주가는 단순한 숫자가 아니다.
그건 돈이 지나간 길이고, 자본가의 발자취다.
주가는 '돈의 흔적'이다.

02

실적만 보고 투자하면
돈을 잃는 이유

주가는 왜 오를까?

수많은 이유가 있지만 핵심 요인은 실적**Fundamental**(펀더멘털)과 기대감(재료, 이슈)이다.

실적이 좋으면 주가가 오른다는 말을 자주 듣는다.

실제로 예상보다 뛰어난 실적이 나오면, '어닝서프라이즈**earning surprise**'라는 말까지 붙는다.

그러나 실적이 아무리 좋아도, 그 소식에 시장이 관심을 갖지 않으면 주가는 꿈쩍도 안 할 때가 많다. 그리고 우리가 알게 되는 실적은 이미 지나간 분기나 과거의 이야기일 뿐이다.

실적이 잘 나온 회사를 따라다니며 투자해서 수익이 난다면, 주식으로 돈 잃는 사람이 이렇게 많지는 않을 것이다. 실적은 주가에 '선반영'될 확률이 높다.

조금 더 솔직하게 말하면 실적만 보고 투자하면 패가망신할 확률이 높다.

실적이 좋아도 주가가 오르지 않으면 어닝서프라이즈가 아니다.
실적 발표일에 주가가 올라가야지 진짜 어닝서프라이즈다.

예를 들어, A 기업이 분기 실적에서 매출 1,000억 원, 영업이익 150억 원으로 시장 예상을 뛰어넘는 성과를 냈다고 하자. 실적 발표일에 주가가 상승했다가 하락하여 윗꼬리를 형성하는 경우가 많다.

이는 시장 참가자들이 실적 발표 직후 주가 상승에 대한 기대감으로 매수에 나서지만, 이후 차익 실현 매물이 출회되면서 주가가 다시 하락하기 때문이다.

장기투자가 적합하지 않은 한국 주식시장에서 실적은 매매의 기준이 아닌 신뢰감의 지표로서 활용하는 것이 좋다.

03

주가 상승의 원인은
'기대감'이다

■ 주가 상승의 원인

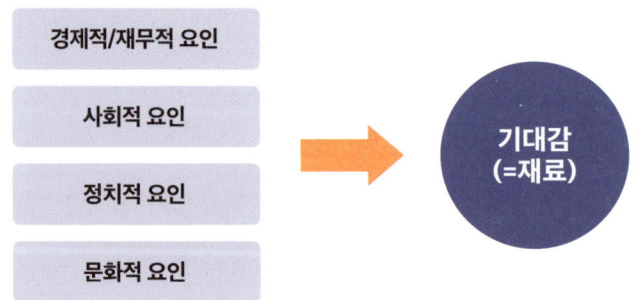

시장에 기대감을 불어넣는 것이 바로 재료다.

재료 = 주가 상승의 원인/모멘텀

예를 들어, A 기업이 자율주행 기술특허를 확보했다는 기사가 나온다. 자율주행 관련 특허기술을 확보했을 뿐 실제로 돈을 더 많이 번 건 아니다. 해당 기술특허가 시장에 통할지 여부는 별개이기 때문이다. 다만 시장 참여자에게 '와! 저 기술특허로 테슬라 같은 글로벌회사와 공급계약을 맺으면 대박 나겠는데?'라는 기대감을 준다. 계약, 판매가 없지만 '기대감' 하나로 주가는 폭등한다.

2021년 10월에는 넷플릭스가 제작한 한국 영화 '오징어게임'이 전 세계적으로 흥행하였다. 그로 인해 관련주가 시세(주가 상승)를 주었다. 관련주를 살펴보면 실질적으로 오징어게임과는 관계가 별로 없다. 정치 테마주의 경우 더 심하다. 대선후보로 나온 사람과 동창이라는 이유로 관련주로 엮이거나, 같은 성씨의 문파라고 주가가 오른 경우도 있다.

가치투자자 입장에서는 황당하지만 주식시장은 이처럼 '기대감'에 오르는 경우가 '실적'보다 압도적으로 많다. 주가 상승의 원인인 '재료'를 가늠하는 것을 '재료 분석'이라고 한다. 재료 분석을 통해서 시장이 얼마나 민감하고 강하게 반응할지 판단해야지 큰 수익을 낼 수 있다.

04

재료의 4가지 분류

재료는 단순한 소문이 아니다. 주가에 실질적으로 영향을 미치는 구조적 요인이다. 크게 4가지로 분류할 수 있다.

■ **재료의 4가지 분류**

구분	예시	특징 및 해설
1. 경제/재무적 요인	실적 발표, 공급 계약, 이익 증가	신뢰도는 높지만, 발표 시점이 지나간 경우가 많음 (시차 존재)
2. 사회적 요인	미세먼지, 전염병, 산업 사고	단기 반응이 강하며, 빠르게 사라지는 경향 (소멸성 강함)
3. 정치적 요인	선거 일정, 정책 수혜, 규제 완화	일정과 연동되어 움직임. 인물 테마보다는 정책 테마가 더 안정적
4 문화적 요인	드라마/게임 흥행, 유행 트렌드	대중의 관심도에 따라 주가 영향 강도 차이 큼

한 번 배우면 평생 써먹는 ETF 투자법

■ **경제적/재무적 요인 예시**

연합뉴스 · 1일 전 · 네이버뉴스

[특징주] 덴티움, 中시장 회복 전망에 8%대 상승세

덴티움이 지난해 4분기 어닝서프라이즈에 힘입어 29일 장 초반 8%대 상
승률을 보이고 있다. 이날 오전 9시 14분 현재 유가증권시장에서 덴티움
은 전 거래일보다 8.33% 오른 13만6천500원에 거래 중이다. 덴티움은 ...

Dentium

[특징주]덴티움, 中시장 회복 전망에 8% 강세 서울경제 · 1일 전 · 네이버뉴스

[특징주]덴티움, 中 임플란트 수요회복 전망에 강세 이데일리 · 1일 전 · 네이버뉴스

덴티움 주가 강세, 4분기 호실적·中시장 회복 전망 국제뉴스 · 1일 전

[특징주] 덴티움, 지난해 4분기 호실적에 10%대 '급등' 컨슈머타임스 · 1일 전

(서울=연합뉴스) 조민정 기자 = 덴티움[145720]이 지난해 4분기 어닝서프라이즈에 힘입어 29일 장
초반 8%대 상승률을 보이고 있다.

이날 오전 9시 14분 현재 유가증권시장에서 덴티움은 전 거래일보다 8.33% 오른 13만6천500원에
거래 중이다.

덴티움은 작년 4분기 시장 컨센서스를 26% 웃도는 479억원의 영업이익을 냈다고 밝혔다.

첫 번째, 경제적/재무적 요인이다.

보통 박사들이 좋아하는 이유다.

"A 회사(작은 회사)가 삼성전자(큰 회사)와 60억 계약을 체결했다"라
는 뉴스가 나왔다. 그러면 주가가 상승할까? 하락할까? 기업이 열심
히 일해서 큰 계약을 체결하고 돈을 번다면 그 기업 주가에 당연히
반영된다. 공급계약 체결은 호재라고 볼 수 있다.

실적발표도 마찬가지다. 흑자를 낼 경우 주가는 올라간다. 반대
로 적자를 낼 경우 주가는 떨어진다. 하지만 이건 시차가 있을 수 있
으니 주의해야 한다.

■ 사회적 요인 예시

아이뉴스24 PiCK · 2일 전 · 네이버뉴스

의료계 비상 걸린 사이...'비대면 진료' 이용 급증

전공의 병원 근무 중단으로 **비대면 진료**가 전면 허용되자 관련 사업을 영위하는 플랫폼 업체들이 주목받고 있다. 주요 **비대면 진료** 플랫폼의 이용자 수가 급등하는 양상을 보이고 있어서다. 고사 상태에 놓인 국내 **비대...**

"아기 아픈데 의사 없대요"...**비대면 진료** 허용하자 이용... 매일경제 PiCK · 2일 전 · 네이버뉴스
'**비대면 진료**' 전면허용했지만, 새로 참여 2차병원 1곳도 없어 서울신문 · 2일 전 · 네이버뉴스
비대면 진료 이용자 증가...중증환자 대응·책임 소재 등 한계 [앵커... YTN · 2일 전 · 네이버뉴스

아시아경제 PiCK · 5면 1단 · 4일 전 · 네이버뉴스

정부-의사 강대강 대치...화끈한 비대면 진료株

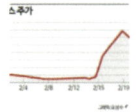

케어랩스뿐만 아니라 유비케어와 인성정보 등도 같은 기간에 47.4%, 27.4% 오르며 시장 대비 높은 **상승률**을 기록했다. **비대면 진료** 확대에 따른 수혜 기대감이 주가 **상승**으로 이어졌다. 한덕수 국무총리는 23일 "비대...

전공의 파업 이후 **비대면 진료** 관련주 '급등' 데일리메디 · 4일 전
의대증원 사태에 '**비대면 진료**' 관련주 '꿈틀'...업계 "제도화로 이어지길" MTN · 4일 전
비대면진료 플랫폼, 정부 한 마디에 '물 만난 물고기' 약사공론 · 4일 전

두 번째는 사회적 요인이다.

어떤 이슈, 소셜 이슈 테마주라고 한다. 예를 들어, 코로나 이전에 봄이 되면 미세먼지 관련주들이 들썩였다. 대부분 마스크 관련주와 안구건조증 관련주들이 상승했다. 아프리카 돼지열병도 매년 나오는 이슈 중에 하나다. 최근에는 사회적 요인으로 의사와 정부의 갈등인 의사파업이 있었다.

미세먼지 같은 이슈는 재료가 약하다고 표현한다. 금방 사라지기 때문이다. 이런 재료들은 가급적이면 지양하는 것이 좋다. 재료가 약한 것들은 매매기간을 짧게 봐야 한다.

■ 문화적 요인 예시

세 번째는 정치적 요인이다.

정치적 요인도 마찬가지로 테마주 중에 하나다. 예를 들어, 조기 대선과 관련해서는 그 기간 동안 관련 이슈가 유효하다. 정치테마는 인물주와 정책주로 나뉜다. 인물 테마주는 위험하다. 사람이기 때문에 어떠한 이슈가 나올지 모른다. 그래서 가급적 인물 테마주보다는 정책 테마주로 투자하기를 권장한다.

네 번째는 문화적 요인이다.

문화적 요인도 하나의 테마주라고 할 수 있다. 엔터테인먼트(드라마, 영화, 소설, 웹툰, 게임)들이 있다. 영화 '파묘'가 개봉했을 때 관객수가 예상보다 빠르게 증가하여, 관련 기업인 쇼박스가 상승했다.

이렇게 주가를 움직이는 요인에 대해 알아보았다.

국내 주식을 하면 경제적 이슈뿐만 아니라 정치적 이슈를 빼놓을 수 없다. 경제 위에 정치가 있기 때문이다. 예산을 잡아서 돈을 뿌리고 입법을 하고, 그 법 하나에 의해서 업종들의 향방이 많이 나뉘게 된다. 그렇기 때문에 경제적/재무적 요인, 사회적 요인, 정치적 요인, 문화적 요인을 모두 알아야 한다.

그런데 만약 경기 호황기라면 나머지 다 빼놓고 ETF, 주가지수, 대기업을 가지고도 충분히 돈을 벌 수 있다. 이때는 경제적/재무적 요인을 가지고 편하게 주식 수익을 낼 수 있다.

재료는 단기적 이슈로 끝날 수도 있고 확산되어 테마가 형성될 수도 있다. 시장의 주목을 받으면서 테마가 형성된 종목들에 투자하는 것을 '테마주 투자'라고 한다. 이런 종목에는 세력이 먼저 들어가고, 뉴스는 그 후에 터진다.

차만뉴나!
차트가 만들어지면 뉴스가 나온다.

뉴스보다 주가가 먼저 움직인다는 걸 기억하자.

개인투자자가 예측이 아니라 대응을 해야 하는 이유다.

시장을 이기려 하지 말고, 흐름을 읽고 따라가며 대응하는 것.

그게 개인이 취할 수 있는 가장 현실적인 전략이다.

돈의 흐름을 읽으려면 '캔들'과 '거래량'을 해석할 줄 알아야 한다.

이제부터 우리는 이 두 가지를 하나씩 배워볼 것이다.

05
돈의 흐름을 읽는
첫 번째 언어 '캔들'

주식 차트를 처음 보면, 빨갛고 파란 막대기들이 복잡하게 늘어서 있다.

그 막대기를 '캔들'이라고 부른다. 캔들은 단순한 선이 아니다. 그날 시장에서 누가 이겼고, 누가 밀렸는지 보여주는 싸움의 기록이다. 세력의 심리, 돈의 흐름, 매수와 매도의 힘의 균형이 하나의 캔들 안에 그대로 녹아 있다.

캔들의 형태

캔들을 읽으려면, 먼저 형태부터 정확히 알아야 한다.

캔들의 중심에 있는 두꺼운 부분은 '몸통'이다.

몸통 위로 뻗은 선은 '윗꼬리', 아래로 내려간 선은 '아래꼬리'라고 부른다.

이 세 가지가 하나의 캔들을 구성한다. 각 요소가 의미하는 바는 다음과 같다.

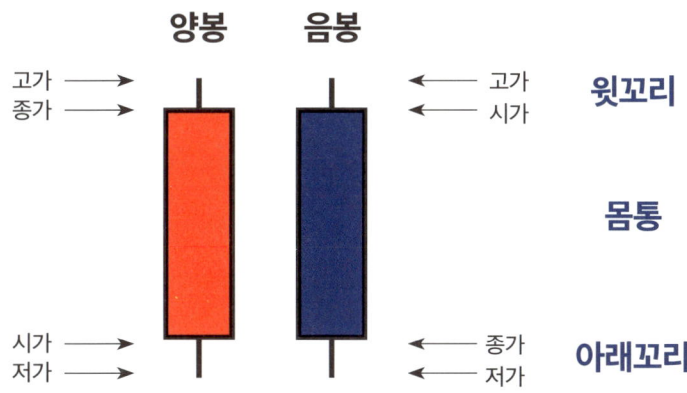

시가 : 오전 9시, 장이 열리면서 처음 거래된 가격

종가 : 오후 3시 30분, 장이 끝나며 마지막으로 체결된 가격

고가 : 하루 중 가장 높았던 가격 (윗꼬리의 끝)

저가 : 하루 중 가장 낮았던 가격 (아래꼬리의 끝)

양봉은 시가보다 종가가 높았다는 뜻. 즉, 매수세가 매도세보다 강했다는 의미다. 하지만 양봉 하나만 보고 단순히 '올랐구나'라고 판단하면 안 된다. 양봉 안에서도 심리의 흐름은 다르게 나타난다.

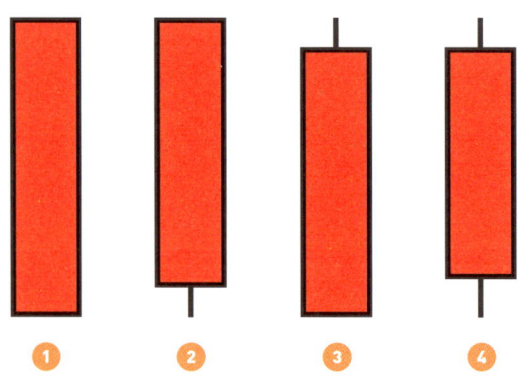

① 시가 대비 매수세가 강하게 유입되어 종가까지 매수 우위로 마감한 양봉.

② 시가 아래로 가격이 하락한 이후 매수세가 강하게 유입되어 시가를 돌파해 종가가 시가보다 높아진 양봉. 장 초반 세력이 의도적으로 주가를 누를 때 자주 나타남. 꼬리의 길이에 따라 '공포 심리'가 달라짐. 길수록 하락 공포감이 클 수 있음.

③ 매수세로 강하게 상승한 이후, 다시 매도세가 유입되어 고점 대비 하락하며 윗꼬리를 형성한 양봉. 고가에서의 차익 실현 이나 매도 압력 증가 가능성을 시사.

④ 시가 아래로 가격이 하락했으나 매수세 유입으로 반등한 뒤, 다시 매도세가 강하게 나타나 고점 대비 하락하며 윗꼬리를

한 번 배우면 평생 써먹는 ETF 투자법

길게 형성한 양봉. 매수와 매도 세력 간의 치열한 공방이 있었음을 보여주며, 가격 변동성이 컸음을 나타냄.

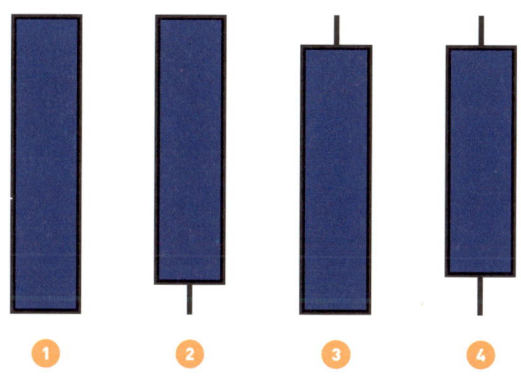

① 장 시작부터 매도세가 강하게 밀고 들어 종가까지 계속 내려간 음봉

② 장 중에 지속적으로 하락하다가, 낙폭을 어느 정도 만회하며 마감한 음봉. 아래 꼬리가 길수록 저가 매수세가 있음을 확인할 수 있음.

③ 매수세가 들어와 중간에 한 차례 반등을 시도했지만 다시 매도세가 강해지면서 윗꼬리가 생긴 음봉

④ 매수세가 강했다가 매도세가 강해지면서 내려갔다가 다시 올라온 음봉

양봉과 음봉 캔들 해석

양봉, 음봉 캔들 하나하나를 해석하는 연습을 하다가 연속적인 캔들의 흐름까지 해석하면 세력의 **심리와 돈의 흐름**이 보이기 시작한다.

■ 캔들의 왕, 장대양봉

장대양봉은 매수할 때 중요한 의미(신호)를 준다.
바닥권에서 장대양봉은 '추세의 전환'을 의미한다.

출처 : 삼성증권 HTS

몸통이 길게 뻗은 양봉을 '장대양봉'이라고 부른다.

캔들 중에서도 가장 눈여겨봐야 한다.

모든 매매의 시작은 장대양봉에서 출발한다.

이 캔들은 단순한 상승이 아니다.

거대한 자금이 실제로 들어왔다는 시그널이다.

특히 바닥권에서 거래량과 함께 나타난 장대양봉은

'추세 전환'의 신호로 해석할 수 있다.

앞으로 매매를 할 때, 이 장대양봉이 보이는 종목부터 먼저 살핀다.

세력은 이 캔들로 자신들의 존재를 드러낸다.

■ 탈출 신호! 장대음봉

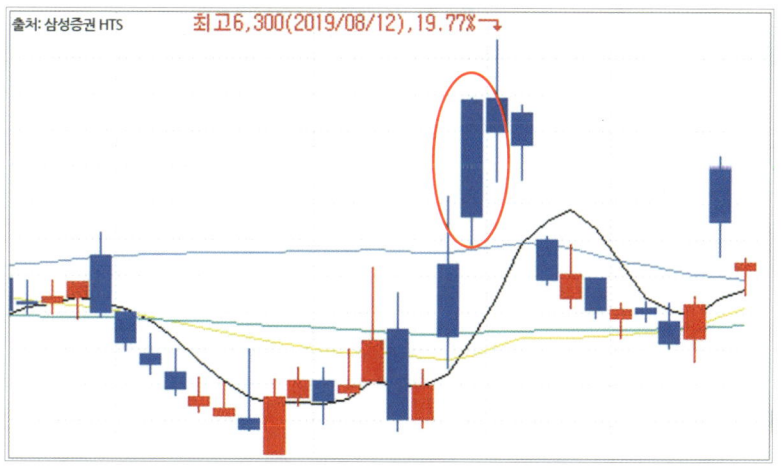

고가권에서 장대음봉은 하락 신호를 준다.

출처 : 삼성증권 HTS

장대음봉은 단순한 하락이 아니다.

본격적인 하락이 시작됐다는 시그널이다.

특히 **거래량까지 동반된 장대음봉**이라면

이건 경고가 아니라 **탈출하라는 신호**다.

일봉이든 분봉이든 예외 없다.

이런 날, 주가는 낙폭이 커진다. 누군가는 "싸졌으니 기회다"라고 착각한다. 기회일 수도 있지만 만약 중요한 지지선을 깨면서 하락한다면 추가 하락 확률이 높으니 조심해야 한다. 장대음봉이 나온 날에는 반드시 재료분석을 한 후에 다음 날 대응해야 한다.

■ **꼬리로 보는 심리 - 윗꼬리 양봉**

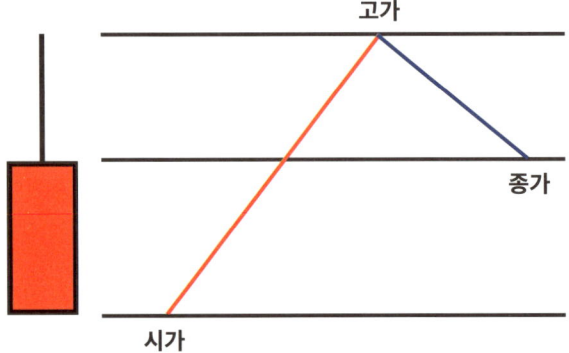

윗꼬리가 긴 양봉은 단순한 상승이 아니다.
올랐지만 끝까지 오르지는 못했다는 신호다.
장 초반에는 매수세가 강하게 들어왔다.
하지만 고점 근처에서 매도세가 유입됐고,
결국 종가는 고가보다 낮게 형성됐다.
그래서 윗꼬리가 길게 남았다.
이건 이런 뜻이다.
"올라가긴 했지만, 그 가격에선 팔고 싶은 사람이 많았다."

한 번 배우면 평생 써먹는 ETF 투자법

특히 고점권에서 이런 윗꼬리 양봉이 반복되면 **매물대가 쌓인다는 시그널**로 해석할 수 있다. 즉, 누군가는 이쯤에서 털고 나가겠다는 심리다. 양봉이라고 다 좋은 게 아니다. 꼬리를 무시하면, 흐름을 놓친다.

■ **꼬리로 보는 심리 - 아래꼬리 양봉**

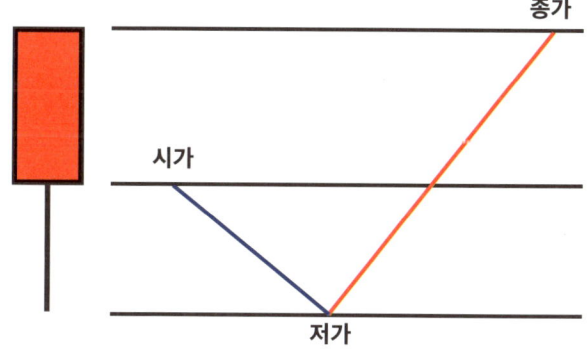

아래꼬리가 긴 양봉은,

하락 중에도 매수세가 반격에 성공했다는 신호다.

장중 한때 주가는 크게 밀렸다. 하지만 저가 부근에서 매수세가 강하게 들어오면서 결국 종가는 시가보다 높은 수준에서 마감됐다.

이건 다음과 같은 의미다.

"이 가격대에서는 사겠다는 사람이 많다."

즉, 지지선으로 작용할 가능성이 있는 구간이라는 뜻이다.

아래꼬리가 길수록, 그 구간에서 싸우는 힘이 강했다는 뜻이다.

그래서 아래꼬리 양봉이 바닥권에 나올 경우, 반등 시그널로 해석할 수 있다. 단, 반드시 다음 날 흐름을 확인해야 한다.

거래량 없이 만들어진 꼬리는 쉽게 무너진다.

■ **꼬리로 보는 심리 - 윗꼬리 음봉**

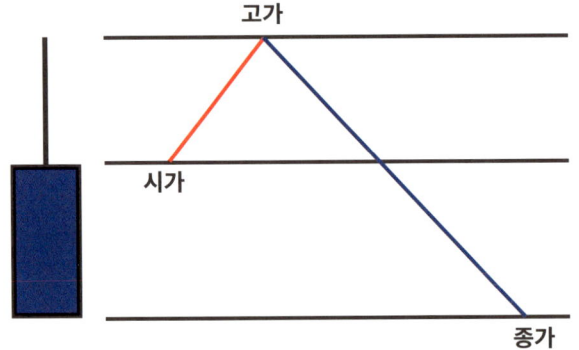

윗꼬리가 긴 음봉은 매수 시도가 실패로 끝났다는 신호다.

장중 한때는 주가가 강하게 상승했다. 하지만 고점에서 매도세가 터지면서 주가는 밀리고 밀려, 결국 종가가 시가보다 낮게 마감된다.

"올라가긴 했지만, 버티지 못하고 무너졌다."

이 패턴은 어디서 나왔는지가 중요하다.

- **고가권에서 나왔다면?**

  → 하락 추세의 초입일 가능성이 높다.

  → 이전 상승분을 정리하려는 자금이 빠져나가는 시그널.

한 번 배우면 평생 써먹는 ETF 투자법

- **저가권에서 나왔다면?**

  ➡ 반등 시도에 실패했다는 뜻이다.

  ➡ 아직 매도세가 시장을 장악하고 있다는 의미다.

윗꼬리 음봉은 매도세가 이긴 흔적이자 경고음이다.

다음 날 약세가 이어질 확률이 높기 때문에 보유한 종목이라면 경계 태세에 들어가야 한다.

■ **꼬리로 보는 심리 - 닷지 캔들**

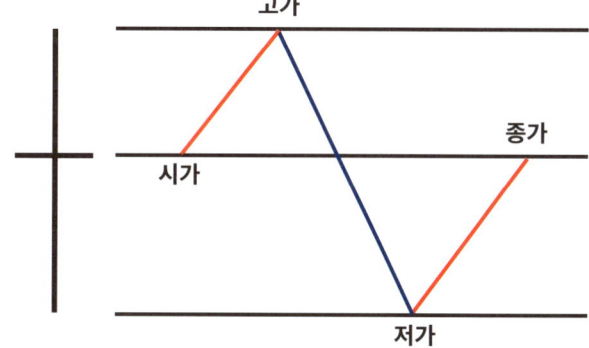

닷지 캔들은 흔히 '십자가 캔들'이라 불린다.

몸통이 거의 없고, 윗꼬리와 아래꼬리가 길게 남는다. 이건 시장이 하루 종일 치열하게 싸웠지만, 결국 승부가 나지 않은 상태를 의미한다. 상승도 하락도 강했지만, 시작한 가격으로 다시 돌아와 심리적 균형 상태로 마감된 것이다.

"어느 쪽으로든 크게 움직일 수 있는, 폭풍 전야."

닷지 캔들은 그것만으로는 시그널이 아니다. '다음 캔들'을 통해 방향성이 확정된다.

그래서 닷지가 나왔다는 사실보다 중요한 건, 그 다음 날 시장이 어디로 움직이느냐다. 특히 고가권에서의 닷지는 상승의 한계, 저가권에서의 닷지는 반등의 탐색으로 해석할 수 있다.

이번 장에서 배운 건 단순히 '봉'이 아니라 자본가들의 심리, 시장 참여자들의 감정, 매수와 매도 사이의 힘의 줄다리기다. 그래서 결론은 단순하다.

캔들을 읽는다는 건 숫자 대신 '사람'을 읽는 일이다.

이제, 돈의 흐름을 읽는 두 번째 언어 '거래량'으로 넘어가자.

 돈맛 내는 기술

이번 장은 무작정 외우기보다, 흐름을 떠올리는 연습이 중요하다.
시가 → 고가/저가 → 종가.
그 안의 싸움을 상상하라. 단순한 선을 심리적 전투의 기록으로 바꿔보자.

06
돈의 흐름을 읽는
두 번째 언어 '거래량'

- **거래량 : 주식이 거래된 '수량'을 의미한다.**

  예를 들어 100만 주가 거래되었다면, 그게 거래량이다.

- **거래대금 : 거래된 주식의 수량 × 가격 = 돈의 총액**

  즉, 얼마나 많은 돈이 실제로 움직였는지를 보여준다.

거래량은 말 그대로 '얼마나 많이 사고팔렸는지'를 보여주는 수치다. 거래량은 '관심'을 수치로 보여주는 데이터다.

시장에서 관심이 높아지면, 거래량은 터진다.

관심이 식으면, 거래량도 같이 식는다.

그래서 나는 거래량을 이렇게 본다.

■ **거래량/거래대금**

거래량/거래대금

주식유통시장에서 매매된 주식의 수량을 나타낸 것이 '거래량'이며, 이를 금액으로 표시한 것이 '거래대금'이다.

거래량과 거래대금은 주식시장의 장세를 나타내는 지표로서 주가지수와 함께 주식시장의 경기를 판단하는 중요한 자료로 활용되고 있다. 실제로 주식의 거래량과 주가는 서로 밀접한 관계를 가지고 움직이고 있다.

출처 : 네이버 지식백과

거래량 = 거래가 성립된 주식 숫자를 의미
거래대금 = 해당 거래 시 주가에 주수(주식수량)를 곱한 금액

■ **거래량은 바로 시장에서의 '인기'다**

기대감을 나타내는 수치 **'거래량'**
시장에서 관심이 높아지면 거래량은 상승한다.
시장에서 관심이 낮아지면 거래량은 하락한다.

"세력이 이 종목을 지금 얼마나 좋아하는가?"

거래량은 바로 시장에서의 '인기'다

여행지에서 처음 보는 식당 두 곳을 알게 됐다고 가정해보자.

한 곳은 직원만 있고 손님은 없다.

다른 한 곳은 북적북적 손님들이 줄을 서 있다.

어디에 들어가겠는가? 이건 투자도 똑같다.

거래량 많은 종목 = 사람들이 몰린 종목 = 기회가 생기는 곳

실전 매매에서 거래량은 무엇보다 중요하다. 기법이고, 차트고, 새료고, 거래량이 없으면 다 무의미하다. 특히, 단타매매 스윙투자를 한다면 '거래량'을 항상 제일 먼저 체크해야 한다.

■ 거래량이 없으면 어떻게 될까?

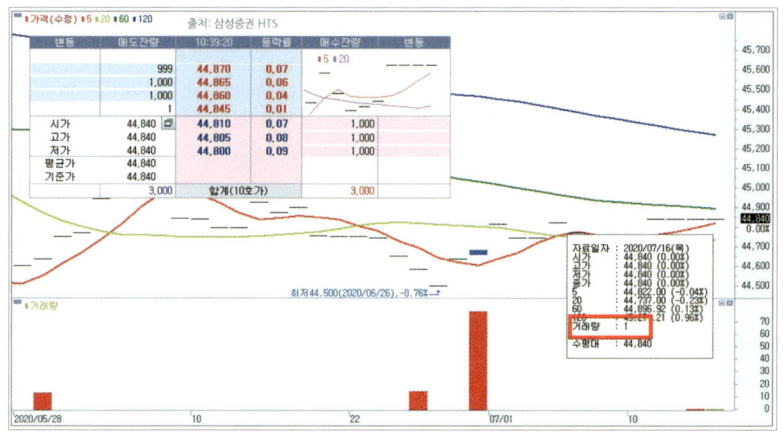

출처 : 삼성증권 HTS

거래가 원활하지 않아 사고팔기가 어렵다.
이것은 ETF, ETN 투자종목을 고를 때 매우 중요하다.

거래가 없다는 건, 사고파는 사람이 거의 없다는 뜻이다.

주가가 좋아 보여도 팔 사람이 없으면 못 사고, 살 사람이 없으면 못 판다. 거래가 안 되는 종목은 그 자체로 리스크다. 특히, ETF 투자에서 거래량이 적으면 호가 차이(스프레드)가 크게 벌어진다.

■ 거래량 단위에 주목하자

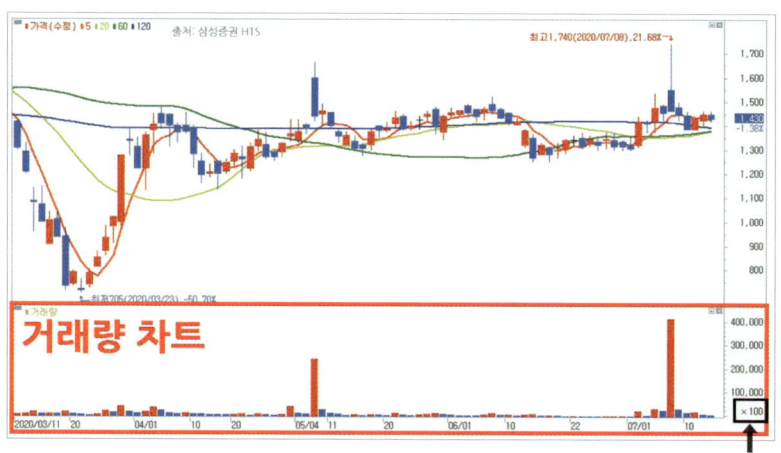

X100을 못 보면 거래량이 없는 종목이라고 판단하여 지나칠 수 있다.

출처 : 삼성증권 HTS

거래량 차트에서 흔히 하는 실수가 하나 있다.

캔들만 보고 거래량이 적다고 착각하는 것. 거래량 차트의 '단위'를 반드시 확인해야 한다. 거래량 캔들의 크기는 상대적 변화를 가늠할 때 쓰고, 숫자로 절대적 크기를 알 수 있다.

■ 캔들 차트와 거래량(양봉)

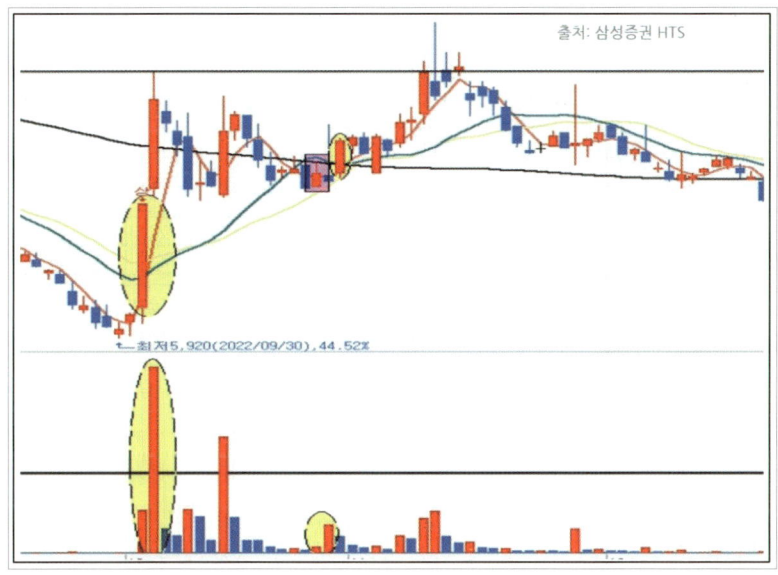

양봉 캔들과 거래량의 해석

거래량이 크다.
= 바닥에서 나온 장대양봉의 경우
  '추세전환', '상승의 신호탄' (불봉)

출처 : 삼성증권 HTS

■ 캔들 차트와 거래량(음봉)

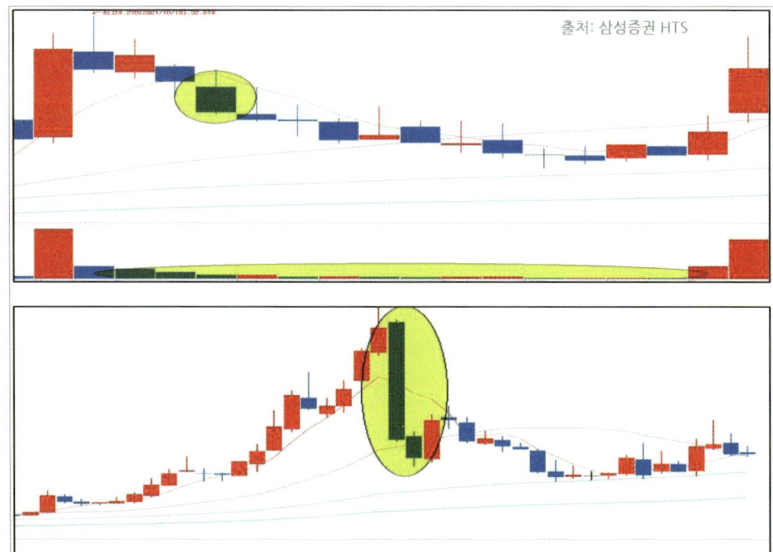

출처: 삼성증권 HTS

음봉 캔들과 거래량의 해석

① 거래량이 작다.
　= 매수 기회로 삼을 수 있다. (눌림)

② 거래량이 크다.
　= 진성 매도(해당 종목 EXIT)일 확률이 높다.

출처 : 삼성증권 HTS

07

지지에 사서
저항에서 팔아라

주가는 단순히 위아래로 움직이지 않는다. 어디까지 올라갈 수 있을지, 어디서 멈출지를 결정짓는 '선'들이 있다.

그 선을 넘으면 흐름이 바뀌고,

그 선을 못 넘으면 흐름이 꺾인다.

지지는 바닥이고, 저항은 천장이다.

이제부터는, 그 바닥과 천장을 어떻게 찾는지, 그리고 그 선이 어떻게 매수/매도의 근거가 되는지 알아보자.

지지는 바닥이다

■ **지지**

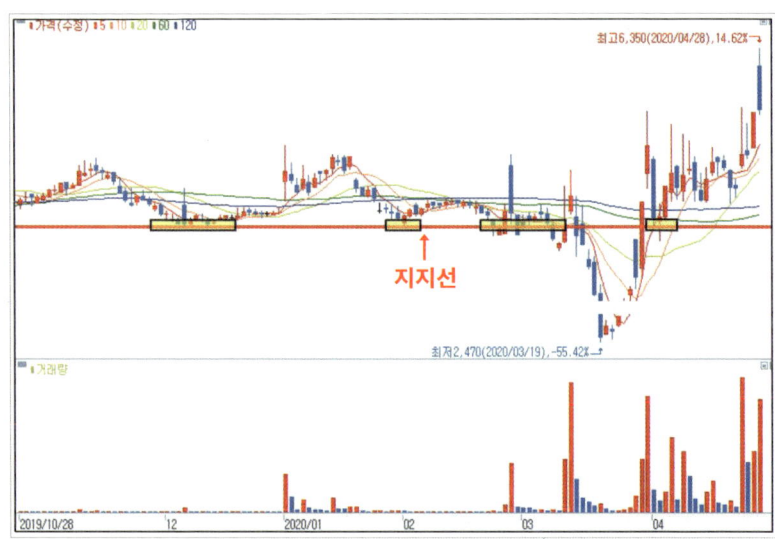

정의 : 캔들이 떨어지지 않고 버텨주는 지점(주가)
1. 지지가 되는 지점에 선을 긋는다.
2. 주가가 상승(반등)하는 모습이 자주 나타난다.
3. 지지가 되는 것을 확인한다. (매수계획 수립)

　　지지는, 캔들이 떨어지지 않고 버텨주는 가격대/지점이다.

　　차트에서 주가가 자꾸 멈추고 반등하는 자리가 있다. 그 지점이

바로 '지지선'이다.

1. 지지선을 찾는 방법

❶ 반등이 반복된 자리를 찾는다.

주가가 멈췄다가 튀어 오른 자리. 그 자리를 기준으로 선을 긋는다.

❷ 최근 고점과 저점을 기준으로 확인한다.

특히 거래량과 함께 지켜낸 자리는 더 강하다.

❸ 선은 정확한 '가격'보다 '구간'으로 본다.

10원, 100원 차이로 흔들리지 말 것.

2. 중요한 개념 하나 : 지지와 저항은 한 몸이다

강한 지지가 깨지면, 그 자리는 곧 저항이 될 수 있다.

강한 저항을 돌파하면, 그 자리는 새로운 지지가 되기도 한다.

그래서 이 개념을 나눠서 보지 않는다. 지지/저항, 늘 붙여서 말한다.

저항은 천장이다

■ **저항**

정의 : 캔들이 올라가지 않고 방해하는 지점(주가)
1. 저항이 되는 지점에 선을 긋는다.
2. 매도의 기준을 잡을 수 있다.
3. 저항선을 뚫을지, 맞고 떨어질지 정확하게 알 수 없다.
→ 그래서 '분할매도'를 익혀야 한다.

저항은 캔들이 올라가지 못하고 막히는 지점이다.

지지를 봤다면, 이제는 저항을 봐야 한다.

저항이란 주가가 올라가다 부딪히고 밀려나는 지점이다.

시장에서는 이렇게 말한다.

"위로 못 가는 선이 저항이다."

1. 저항선이 중요한 이유

상승 중인 종목이라도 저항을 만나면 멈추거나 꺾인다. 따라서 매도 기준을 잡으려면 반드시 저항선을 봐야 한다.

돈맛 내는 기술

저항선에서 해야 할 생각
① 이 자리를 돌파할 수 있을까?
② 아니면 여기서 다시 꺾일까?
정확히 맞출 수는 없다. 그래서 정답은 이것이다. '모르면 반만 판다.'

2. 분할매도는 기본기다

- 저항이 가까워졌다면?

  ➔ 보유 물량의 절반을 매도하고, 나머지는 저항 돌파 여부를 본다.

- 돌파하면?

  → 나머지 절반의 물량을 홀딩하면서 버텨본다. 실전 투자를
  하면서 '수익은 즐기는 게 아니라 버티는 것'임을 배웠다.

- 실패하면?

  → 이미 절반은 정리했으니 리스크는 줄었다.

이게 '반반이 스킬'이다.

저항선은 선 그리는 기술이 아니라, 매도 타이밍을 위한 무기다.

- 주가가 자주 꺾였던 자리
- 과거 고점과 맞닿은 가격대
- 거래량 없이 못 넘던 선

이런 지점에 선을 긋는다. 그리고 그 선에서 행동 계획을 세운다.
망설이지 않기 위해 미리 시나리오를 갖고 있어야 한다.

08

추세를 읽는 도구
'이동평균선'

이동평균선(이평선)은 어렵게 생각할 필요 없다.

일정 기간(휴장일을 제외한 거래일 기준) 동안의 주가 평균값을 선으로 연결한 것이다.

예를 들어, 이렇다.

POINT ─────

용어 정리

· 전체 개념을 말할 땐 '이평선'이라고 부른다.
· 특정 선을 말할 땐 5일 선, 20일선, 60일선, 120일선이라고 한다.

· 5일 동안의 평균 주가를 이은 선
  → 5일선

· 20일 동안의 평균을 연결한 선
  → 20일선

· 120일 평균 → 120일선

이평선은 복잡하지 않다. 그저 주가의 흐름을 부드럽게 만들어주는 기준선일 뿐이다. 다른 보조지표는 몰라도 이평선은 잘 다루길 권장한다.

이동평균선, 줄여서 이평선은 주가가 일정 기간 동안 어떻게 움직였는지 보여주는 '흐름의 선'이다. 숫자가 클수록 '장기 흐름'을 본다. 숫자가 작을수록 '단기 반응'을 본다.

- 5일선은 1주일의 주가 흐름
- 20일선은 1달 동안의 주가 흐름
- 120일선은 6달 동안의 주가 흐름

한 번 배우면 평생 써먹는 ETF 투자법

■ 수익에 필요한 것만 배우면 된다 - 이동평균선

일정 기간 동안의 주가 이동평균을 연결해 만든 선

- 주가 이동평균선은 매일 계산
- 주가의 움직임, 방향성, 추세를 알 수 있다. ➡ 후행지표
- 거래일 동안 거래자들의 심리
- 예 5일선 : 최근 5일간의 주가(종가 기준)를 합산 ÷ 5
  20일선 : 최근 20일간의 주가(종가 기준)를 합산 ÷ 20

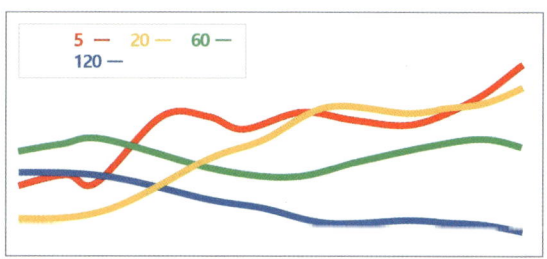

단기 지표 : 5일선, 20일선
중기 지표 : 60일선
장기 지표 : 120일선 이상

  이평선은 추세를 읽기 위한 도구다. 이평선은 후행지표다. 현재보다 '지나온 흐름'을 요약한 선이다.

  그래서 이평선을 볼 때는 '선의 꼬리(끝부분)'를 본다.

  • 5일선의 끝이 아래로 꺾여 있다 ➡ 최근 5일은 하락 추세
  • 20일선의 끝이 우상향이다 ➡ 최근 1개월은 상승 흐름

20일선 = 기준선

많은 투자자들이 20일선을 추세 판단의 기준선으로 삼는다. 이유는 간단하다.

- 20일 = **거래일 기준 한 달**
- 개인, 기관, 외국인 모두가 '한 달 성과'를 중요하게 본다.
- 그래서 **20일선은 시장의 공통된 시선이 머무는 선**이다.

그래서 이렇게 부른다.

"**20일선은 황금선이다.**"

"**생명선이다.**"

한 번 배우면 평생 써먹는 ETF 투자법

실전 요약

■ 이동평균선의 지지와 저항

지지

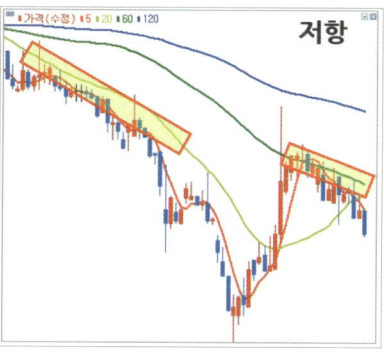

저항

이동평균선이 캔들 차트보다 밑에 있으면 지지선	이동평균선이 캔들 차트보다 위에 있으면 저항선

- 이평선은 끝부분만 본다

- 20일선 위에 있다 ➡ 살아 있다

- 20일선 아래로 이탈 ➡ 조정 또는 하락 전환 경계

이평선은 지지선이 되기도, 저항선이 되기도 한다. 이평선은 단순한 선이 아니다. 주가 위에 있느냐, 아래에 있느냐에 따라 성격이 달라진다.

1. 이평선이 주가 아래에 있다 ➡ 지지선

이 경우 이평선은 주가를 떠받치는 역할을 한다.

주가가 이평선 근처로 내려오면, 매수세가 들어오면서 다시 반등하는 흐름이 자주 나온다.

이때 이평선은 '지지선'이다.

2. 이평선이 주가 위에 있다 → 저항선

주가가 상승하다가 이평선에 부딪히고 꺾이면, 그 이평선은 저항선으로 작용한 것이다. 상승 흐름을 막는 '천장' 역할을 한다.

이때 이평선은 '저항선'이다.

이평선은 상황에 따라 바뀐다.

지금은 지지선처럼 보이던 이평선이, 하락하면서 다시 저항선으로 바뀌기도 한다. 그래서 이평선은 위치와 흐름 속에서 해석해야 한다.

 돈맛 내는 기술
- 이평선이 주가 아래에 있다
  → 지지선으로 해석, 분할매수 고려
- 이평선이 주가 위에 있다
  → 저항선으로 해석, 분할매도 고려

오직 독자를 위한 **특별강의 3**　**지지/저항선이 안 보인다면**

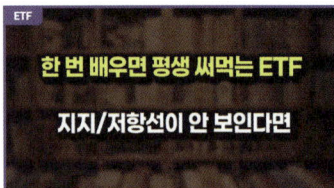

이제, 움직일 차례다!

우리는 주식 투자의 본질을 배웠다.

- 주가란 무엇이고,
- 캔들은 어떤 싸움의 기록이며,
- 거래량은 자본의 관심을 보여주는 신호라는 것.

여기에

- 지지/저항이라는 가격의 경계선,
- 이평선이라는 흐름의 지도까지 익혔다.

이건 단순한 차트 공부가 아니다.

ETF 투자를 제대로 해내기 위한 준비과정이었다.

이제 우리는 시장을 단순히 '좋다, 나쁘다'로 보지 않는다.

흐름을 읽고, 가격을 해석하고, 돈의 움직임을 감지할 수 있게 되었다.

다음 장에서는 이 무기들을 실제로 ETF 투자에 적용해 '수익으로 연결시키는 법'을 배우게 된다.

시장을 해석할 준비는 끝났다. 이제, 움직일 차례다.

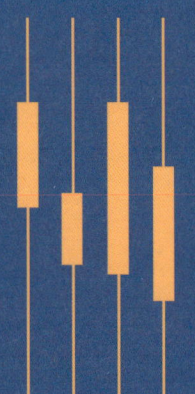

한 번 배우면 평생 써먹는
ETF 투자법

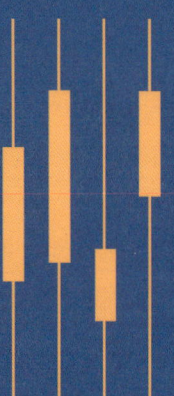

3장

ETF 투자의
기본

01

펀드의 시대는 끝났다.
이제는 ETF가 대세다

예전에는 펀드가 투자 초보자의 첫 선택이었다.

하지만 직접 해본 사람이라면 안다. 가입은 복잡하고, 해지하려면 며칠씩 기다려야 하며, 수익이 나도 중도에 환매하면 수수료를 떼인다. 게다가 운용 현황을 실시간으로 확인하기 어려워, 내 돈이 어떻게 굴러가고 있는지 체감이 잘 안 된다.

펀드의 복잡함은 줄이고, 효율은 높인 상품이 바로 ETF다.

지금부터 ETF 투자로 수익을 내기 위한 첫걸음을 시작해보자.

ETF는 Exchange Traded Fund(상장지수펀드)의 약자다. 즉, 거래소 **Exchange**에 상장되어 주식처럼 실시간으로 거래**Traded**할 수 있는 펀드 **Fund**다.

이렇게 설명해도 머릿속으로 온전하게 이해되지 않을 수 있다. 그러나 괜찮다. 개념을 정확히 몰라도 수익을 내는 데 지장이 없다. ETF 관련 자격증 시험을 치르는 게 아니라면 몰라도 된다.

다만, 누가 ETF가 뭔지 물어보면, 간단히 설명할 수 있을 정도는 알고 있으면 좋다. 그래서 ETF의 핵심 내용만 정리했다. 이 정도만 알아도 충분하다.

1. 껍데기(형태)는 펀드, 속 알맹이는 주식

쉽게 말해, 펀드와 주식의 장점을 섞어 놓은 금융상품이다. 알맹이(본질)가 주식이기 때문에 2장에서 '주식 투자의 본질'을 먼저 배웠던 것이다.

2. ETF는 펀드에 비해 환금성이 좋다.

일단 기존 펀드는 가입과 해지가 번거로웠다. 나 역시 환금성 때문에 펀드 투자를 안 하고 있다. 펀드는 상품 종류마다 다르지만 5~8일 정도 걸린다. 주말과 연휴가 이어지면 현금으로 회수하는데 2~3주가 걸리기도 한다. 그러나 ETF는 매도 후 2거래일 후에 현금으로 인출이 가능하다.

한 번 배우면 평생 써먹는 ETF 투자법

3. 중도환매 수수료가 없고, 운용보수가 저렴하다.

일반적으로 펀드는 중도환매 수수료가 있다. 가입한 펀드를 90일 이내에 매도하면 수수료를 내야 하는데, 무려 수익금의 70%를 내야 한다. 정보와 자본시장이 발달하면서 투자 주기가 점점 짧아지는 상황을 고려하면 펀드는 많이 불편하다.

그에 비해, ETF는 운용보수도 펀드보다 저렴하다. ETF의 연간 운용보수는 일반적으로 0.15~0.5% 수준이며, 일반 펀드(연 1.53%)나 인덱스 펀드(연 0.35%)보다 훨씬 낮다. 운용보수는 단기투자보다는 장기투자 수익률에 더 큰 영향을 미친다. 2019년도부터 시행된 제도로 국내 주식형 ETF 매도 시에는 증권거래세(0.25%)가 면제된다.

4. 주식처럼 실시간으로 사고팔 수 있다.

주식처럼 거래소에 상장되어 있기 때문에 계좌개설, 매매시간, 방법, 결제방법, 상하한가제도 등에서 주식과 동일하게 적용된다. 따로 ETF 공부를 할 필요가 없다.

5. 소액으로도 분산투자가 가능하다.

10만원 이하의 소액으로도 국내외 대표 지수에 투자할 수 있으며, 1주 단위로 매매할 수도 있다.

예를 들어, 코스피200을 추종하는 ETF를 1주만 매입해도 한국 대표 우량주 200개에 투자하는 효과를 얻는다. 개별 종목에 투자하면 해당 기업의 실적 악화나 부도 등의 위험이 따르지만, ETF는 여러 종목을 포함하고 있어 개별 리스크를 최소화할 수 있다.

6. 펀드 운용이 투명하다.

ETF는 기초지수의 움직임을 그대로 반영하며, 구성 종목과 순자산가치NAV를 매일 공개한다. 따라서 투자자는 ETF가 어떤 종목을 포함하고 있으며, 현재 가치가 얼마인지 실시간으로 확인할 수 있다.

반면, 일반 펀드는 운용 결과를 투자자가 확인하기까지 6개월 이상의 시간이 걸리며, 펀드 매니저의 변경이나 전략 변경이 발생할 수도 있다. 하지만, ETF는 매일 운용 현황을 투명하게 공개하므로 신뢰도가 높다.

7. 배당수익까지 얻을 수 있다.

ETF는 현물 주식으로 구성된 포트폴리오다. 따라서 포함된 종목들이 배당을 지급하면 투자자에게 분배금 형태로 지급된다.

보통 1월, 4월, 7월, 10월 말에 개인별 증권계좌로 입금된다. 단, 레버리지형 ETF(예 KODEX 레버리지)는 분배금을 지급하지 않는다. 배당수익은 부가적인 수익이다. ETF 투자는 시세차익을 목적으로 한다. 배당주 ETF를 비롯한 배당주 투자를 지양하는 편이다.

■ KODEX200 분배금 지급 현황표

지급 기준일	실지급일	분배금액 (원)	주당 과세 표준액 (원)
2025. 01. 31	2025. 02. 04	110	110
2024. 10. 31	2024. 11. 04	120	120
2024. 07. 31	2024. 08. 02	150	150
2024. 04. 30	2024. 05. 03	440	440
2024. 01. 31	2024. 02. 02	95	95
2023. 10. 31	2023. 11. 02	100	100
2023. 07. 31	2023. 08. 02	75	75
2023. 04. 28	2023. 05. 03	445	445
2023. 01. 31	2023. 02. 02	75	75
2022. 10. 31	2022. 11. 02	105	105
2022. 07. 29	2022. 08. 02	70	70
2022. 04. 29	2022. 05. 03	500	500

출처 : 삼성자산운용 2022. 4 ~ 2025. 1

02
ETF 분석은
'종목명'만 파악하면 절반 성공

ETF 분석의 첫 시작은 '종목명'의 의미를 파악하는 것이다.

지수 ETF의 대표적인 종목인 'KODEX 코스닥150 레버리지'를 예로 들어보자.

KODEX	**코스닥150**	**레버리지**	
ETF 브랜드	표적지수	합성 ETF	환헤지

* 위의 예시는 국내 ETF라서 환헤지(H)가 없다.

ETF 종목명 맨 앞에는 ETF 브랜드가 표기된다. KODEX는 삼성자산운용사의 ETF 브랜드다. ETF 브랜드는 여러 가지 이유로 변경하는 경우가 있다. (2025년 1월 기준)

한 번 배우면 평생 써먹는 ETF 투자법

ETF 브랜드	KODEX	TIGER	RISE	ACE	SOL	PLUS	WON	KIWOOM
자산 운용사	삼성자산 운용	미래에셋 자산운용	케이비 자산운용	한국투자 신탁운용	신한자산 운용	한화자산 운용	우리자산 운용	키움투자 자산운용

두 번째로, '코스닥150'은 표적 지수를 의미한다. 즉, 어디에 투자하는지 투자대상을 알 수 있다. 코스닥150은 코스닥 지표 중 하나다.

150이라는 숫자는 시가총액 1~150위까지 종목으로 구성되어 있다는 것을 의미한다. 시가총액은 해당 기업의 '가격'이라고 이해하면 쉽다. 시가총액은 실전 투자에서 매우 중요한 개념이다. 개별종목 투자에서는 1등으로 중요하다.

상품명 다음으로는 ETF의 특수한 성질을 알려준다.

예를 들어, '레버리지'는 수익 배수를 의미한다. 우리나라의 경우 법적으로 최대 2배까지만 있다(2023년 12월 10일 기준). 한글로 '레버리지'라고 표기할 때도 있고 '2X'로 표기할 때도 있다. 뒤에 아무것도 붙지 않았다면 1배수를 의미한다. 인버스는 반대로 기초지수가 10% 떨어지면 10% 수익이 난다는 뜻이다. 인버스 2X는 레버리지와 반대로 생각하면 된다.

레버리지(2X)	인버스	인버스 2X	(H)	선물
기초지수가 10% 오르면 20% 수익	기초지수가 10% 떨어지면 10% 수익	기초지수가 10% 떨어지면 20% 수익	환헤지, 환율 영향 ×	선물 형태로 거래되는 상품에 투자

환헤지상품을 나타내는 H는 해외자산에 투자하는 ETF 종목명 맨 끝에 붙는다. 환율을 신경 쓰지 않고 편안하게 투자할 수 있는 상품이다. 기초자산이 올라가더라도 환율이 떨어지면 손해를 볼 수도 있지만, 헤지**Hedge** 상품일 경우에는 환율을 신경 쓰지 않아도 된다.

비환헤지 상품은 원화가 약세(달러 강세)일 때는 추가수익을 볼 수 있지만, 원화가 강세(달러 약세)일 때는 손해를 볼 수 있다. 환율도 하나의 수익 기회로 본다면 비환헤지 상품을 활용할 수 있다. 환차익을 보려고 한다면 국내상장 ETF보다 해외상장 ETF를 직접 투자하는 것이 조금 더 효율적이라고 생각한다.

선물이 붙어 있으면 선물 형태로 거래하는 상품에 투자하고 있다는 뜻이다. 보통 원자재 상품들이 선물 형태로 거래가 이뤄지고 있다.

지금까지 배운 개념으로 분석하면 '코스닥150 레버리지 ETF' 상품은 **"코스닥150 지수가 10% 올라가면 20%의 수익이 나는 ETF"**다.

이처럼 간단하게 종목명 분석만으로도 ETF의 특징을 알 수 있다.

한 번 배우면 평생 써먹는 ETF 투자법

03

액티브 펀드 vs 패시브 펀드
초보 투자자는 어디로?

펀드는 크게 액티브 펀드와 패시브 펀드가 있다.

액티브**Active** 펀드는 펀드 매니저가 직접 주식, 채권을 골라서 투자하는 펀드를 의미한다. 보통 펀드를 1개 운영을 할 때 펀드 매니저가 2명 이상 필요하다. 그들은 기업을 분석하고 탐방하는 등 다양한 노력을 한다. 그래서 펀드에는 인건비가 들어간다. 운용보수를 비롯한 각종 비용을 '수수료'라고 한다. 액티브 펀드는 패시브 펀드에 비해 수수료가 높은 편이다.

패시브**Passive** 펀드는 '시장의 주가지수'를 추종하는 펀드다. 패시브 펀드보다는 '인덱스 펀드'라고 더 많이 부른다. 시장지수에 투자하는 ETF이기 때문에 '지수 ETF'라고도 부른다.

투자 초보자라면 액티브 펀드와 패시브 펀드 중 어느 것을 선택하는 것이 좋을까?

패시브 펀드를 선택하는 것이 좋다. 액티브 펀드가 수수료 생각이 나지 않을 정도로 수익률을 낸다면 상관없지만 그렇지 않은 경우가 많기 때문이다. 이와 관련해서 유명한 일화가 있다.

투자의 대가 워런 버핏과 헤지펀드 운용사인 프로테제 파트너스는 10년간 어떤 펀드가 더 높은 수익률을 내는지 내기를 했다. 워런 버핏은 대표적인 인덱스 펀드인 S&P500에 투자했고, 프로테제 파트너스는 자신들이 엄선한 5개 헤지펀드에 투자했다.

2008년 1월 1일에 시작된 내기의 결과는 10년이 지난 후 워런 버핏의 완승으로 끝났다.

인덱스 펀드는 연평균 7.1% 수익률을 낸 반면에, 프로테제의 해

■ **운용보수 비교 분석**

1.01%
액티브 펀드
균등가중 평균 운용보수

0.05%
패시드 펀드
지수 추종 상품의 대표적 운용보수

20배
비용 차이
액티브 펀드는 패시브 대비 약 20배 높은 비용

운용보수는 투자자의 실질 수익에 직접적 영향을 미친다. 액티브 펀드는 전문 운용사의 분석과 종목 선정에 따른 비용이 반영된다.

한 번 배우면 평생 써먹는 ETF 투자법

지펀드는 2.2% 수익률에 그쳤다. 내기에 이긴 워런 버핏은 불어난 원리금 222만 달러를 자선단체에 기부했다.

1. 운용보수 및 수수료

- 액티브 펀드의 균등가중**Equal-weighted** 평균 운용보수 : 1.01% (출처 : 모닝스타)
- 패시브 펀드(지수 추종 상품)의 대표적 운용보수 수준 : 0.05% 미만(인덱스 펀드 평균) (출처 : 모닝스타)

2. 수익률 비교

- 액티브 ETF 평균 연평균 수익률 : 12.4%
- 패시브 ETF 평균 연평균 수익률 : 13.5% (최근 15년 기준) (출처 : 월스트리트저널 WSJ)

■ 수익률 비교

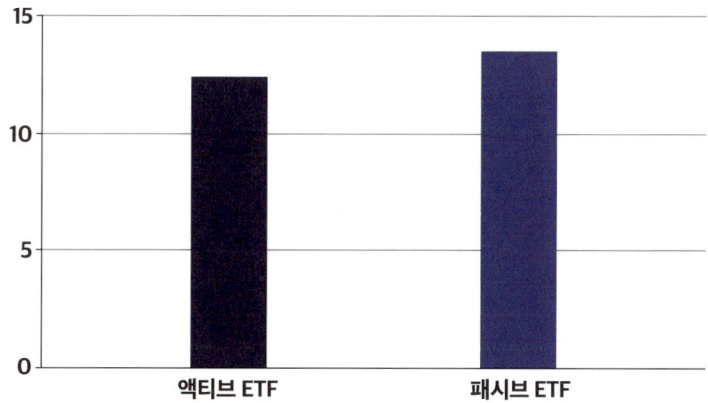

최근 15년 데이터를 분석한 결과, 패시브 ETF가 액티브 ETF보다 평균 1.1%p 높은 수익률을 기록했다. 이는 비용 차이가 반영된 결과로 볼 수 있다.

3. 설정액(AUM) 추이

- 인덱스 펀드(AUM) 비중

  2010년 19% ➡ 2023년 48% 성장

수익률과 수수료를 제외하고 패시브 펀드가 초보자에게 좋은 이유는 성과가 좋은 액티브 펀드를 찾아내고 분석하는 것이 매우 어려운 일이기 때문이다.

패시브 펀드는 ETF 투자의 필수이므로 반드시 배워서 내 것으로 만들어야 한다. 액티브 펀드는 그다음에 해도 늦지 않다.

■ 설정액(AUM) 성장 추이

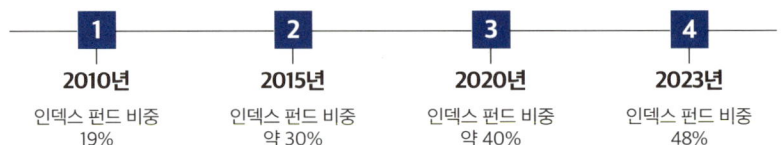

1	**2**	**3**	**4**
2010년	**2015년**	**2020년**	**2023년**
인덱스 펀드 비중 19%	인덱스 펀드 비중 약 30%	인덱스 펀드 비중 약 40%	인덱스 펀드 비중 48%

* 인덱스 펀드의 시장 점유율은 지속적으로 증가하고 있다. 2010년 19%에서 2023년 48%로 크게 성장했다.

지수 ETF는 한번 배우면 오랫동안 써먹을 수 있기 때문에 지금 눈에 익혀두자. 특히 빨간색으로 표시한 부분은 꼭 암기하는 것이 좋다.

국가	대표 지수	지수 설명
미국	S&P 500	미국 대형주 500개로 구성된 대표 지수
미국	NASDAQ 100	기술주 중심 100개 종목
미국	Dow Jones 30	산업 중심의 30대 기업
중국	CSI 300	상하이·심천 거래소 상위 300개 종목
일본	Nikkei 225	도쿄증권거래소 상위 225개 기업
한국	KOSPI 200	한국 주요 대형주 200개
한국	KOSDAQ 150	코스닥 시장 중형주 중심 150개 종목
독일	DAX 40	프랑크푸르트 증권거래소 대표 40개 기업
프랑스	CAC 40	프랑스 대표 40개 기업
영국	FTSE 100	런던증권거래소 시총 상위 100개 기업
인도	Nifty 50	인도 대표 대형주 50개
브라질	Bovespa	브라질 증시 대표 지수
캐나다	S&P/TSX Composite	캐나다 주요 상장기업
호주	ASX 200	호주 증권거래소 상위 200개 종목
신흥국	MSCI Emerging Markets	신흥국 시장 전반을 포함
선진국	MSCI World	선진국 중심의 글로벌 지수

관심 있게 봐야 할 국가들

발전 가능성이 높은 국가의 지수 ETF는 눈여겨봐야 한다. 국제무대에서 중요하지 않은 국가까지 다 보자고 말하진 않겠다.

윤타가 집중해서 바라보는 국가는 다음과 같다.

1. 미국

오랫동안 패권국가였고 지금도 유지하기 위해 2인자를 견제하며 경쟁하고 있다. 패권국을 유지하기 위한 경쟁은 아무리 대통령이 바뀌어도 변함없다는 사실을 기억하자. 패권국의 힘은 '달러'에서 나온다는 것이 시작점이 되면 좋다. 전 세계를 지배하는 욕망기업(애플, 테슬라, 엔비디아, 마이크로소프트, 아마존)을 통해서 그 입지를 더욱 확고히 하고 있다.

2. 중국

소련 해체 이후 미국을 견제할 가장 강력한 패권 도전국가다. 처음엔 자신들이 세상의 중심이라는 안일함(국가명 자체가 중국)에 과학, 기술발전에는 소홀하여 패권국과는 거리가 멀어 보였다. 하지만 미국발 금융위기(서브프라임 모기지)로 인해 미국을 대체할 만한 국가의 필요성이 대두되면서 빠르게 성장했다. 현재는 일본을 누르고 G2 국가다. 막대한 인력자원을 내세워서 하위 제조업 시장에서 강력한 힘을 뽐내고 있다. 또한, 기술, 과학의 발전으로 2차전지, 자율주행, 스마트폰 시장에서 두각을 드러내고 있다.

3. 일본

잃어버린 30년의 시간이 흐르고, 다시 예전 패권국의 위상을 차지하기 위해서 조용히 노력하고 있다. (니케이지수 차트를 한번 보자. 이해될 것이다.) 기술 위주의 상위 제조업이 발달했으며 탄탄한 내수시장을 가지고 있다.

4. 한국

동아시아 외환위기(한국에서는 IMF 사태라고 한다.) 이후 자본시장에서는 정체 구간에 머무르고 있다. (이 부분은 뒤에서 자세히 다룬다. 충격이 꽤 클 수도 있다.) 지정학적 위치로 인해 강대국의 관심국가 1순위다. 반도체, IT, 원자력, 조선 강대국이다. 대한민국의 미래 먹거리 산업(K-컬쳐, K-푸드)에 대해 공부하면 좋다.

덧붙이면, 성과가 좋은 (액티브) 펀드를 찾으려고 금융투자협회 전자공시 서비스에 들어가라고 하는 것은 개인투자자에게 적합한 방법이 아니라고 생각한다. 금융회사에 소속되어 연구하는 사람들의 리소스(리포트, 연구결과가 담긴 신문기사, 월간/주간 매거진)를 해석하고 나에게 적용하는 것이 더 현실적인 방법이다.

증권사 선택 잘하는 방법

은행 예적금을 빼면 금융투자상품은 증권사를 통해 투자하는 경우가 많다. 이때 증권사 선택은 개인의 성향에 맞는 곳으로 고르면 된다. 내 경험을 통해 얻은 '증권사 선택법'을 소개하겠다. 이 방법대로 하면 최초 증권사 선택 이후에도 기관 이전(다른 증권사로 자금 이동)이 어렵지 않을 거라고 생각한다.

1. 중소형 증권사보다 '대형 증권사'

대형 증권사는 다양한 사업 포트폴리오와 안정적인 수익구조를 바탕으로 높은 영업이익을 기록하고 있다. 반면에, 중소형 증권사들은 부동산 프로젝트 파이낸싱**PF** 관련 부실과 이에 따른 충당금 부담으로 인해 수익성이 악화되고 있다.

과거에는 부실금융 기업에 대해서 금융감독원의 중재로 인수합병이 잘 이뤄졌다. 하지만 MG손해보험의 파산 가능성이 높아지는 상황을 보면서, 이제는 안정성이 제1순위다. 무료 수수료 이벤트 및 눈에 보이는 작은 혜택 때문에 내 투자금이 다 날아가는 경우는 일단 피해야 하지 않을까?

영업사원 때 부자 고객을 만났는데, 그때마다 해주시던 말씀이 있다. '잔돈에 훅 간다.' 사소한 이득이나 눈앞의 작은 돈에 마음이 끌려 행동하다가 큰돈을 잃게 되는 것을 의미한다.

위기 짙어진 중소형 증권사… 대형사와 격차 '심화'

신년 증권사 CEO 풍향계③
중소형사 CEO 연임에 불확실성 가중
부동산 PF 부담… 리스크 관리 능력 시험대

출처 : 이코노미스트, 2025년 1월 14일
https://economist.co.kr/article/view/ecn202501080066?utm_source=chatgpt.com

[현미경] 대형 증권사 대박, 중소형 증권사 쪽박…

'실적 양극화 심화'

출처 : 뉴스웨이브, 2025년 2월 25일자
https://www.newswave.kr/news/articleView.html?idxno=516463&utm_source=chatgpt.com

대형 증권사와 중소형 증권사를 구분하는 공식적인 기준은 없다. 금융감독원의 금융소비자 정보포털(파인)에 들어가면 분기마다 금융투자회사의 경영통계를 공개한다. (2024년 9월 기준) '자기자본' 1조 이상 증권사 중에서 상위 10위 증권사를 보면 다음과 같다.

① 미래에셋증권   ② 한국투자증권   ③ NH투자증권

④ 삼성증권   ⑤ KB증권   ⑥ 메리츠증권

⑦ 하나증권   ⑧ 신한투자증권   ⑨ 키움증권   ⑩ 대신증권

2. 가입 시기

증권사는 신규 고객을 유치하거나 타 증권사에서 고객을 이동시키기 위해 수수료 및 환전 혜택 이벤트를 연다. 이 시기에 맞춰서 가입하면 좋다.

네이버 또는 유튜브에서 **'ETF 증권사 추천'**, **'국내 주식 증권사 추천'**, **'미국 주식 증권사 추천'**으로 키워드를 변형해서 검색하면 양질의 글과 영상을 통해 정보를 얻을 수 있다. 내 인생을 다이나믹하게 바꿔준 2가지는 뾰족한 검색과 질문이다.

3. 자료의 작성 시점 확인

글과 영상을 볼 때는 반드시 작성 시점을 확인해야 한다. 유튜브 영상으로 정보를 찾을 때는 영상의 소리를 들으면서 댓글들을 먼저 확인한다. **그중에서 공감을 많이 받은 댓글의 내용은 메모하고 바로 사실 유무를 확인**한다. 그러면 정보 탐색 시간이 줄어든다.

4. 비대면 계좌 개설

증권사를 선택하고 계좌를 개설할 때는 '비대면 계좌 개설'을 활용한다. 굳이 증권사에 가지 않아도 되고 스마트폰으로 거래를 하는 경우 거래수수료 혜택도 있다. 탑 트레이더가 될 게 아니라면 스마트폰으로도 충분히 투자가 가능하다. 신분증 사진 찍을 때 인식이 잘 안 되면 짜증이 나지만 몇 번 하다 보면 익숙해진다.

5. 필요한 기능을 찾아서 숙지

계좌 개설을 마치면 이제 실전 투자에 필요한 기능만 익히면 된다. 이것 또한 각 증권사 홈페이지 또는 유튜브 채널에 가면 친절하게 나와 있으니 영상과 함께 보면서 알아둔다.

EXCHANGE TRADED FUND

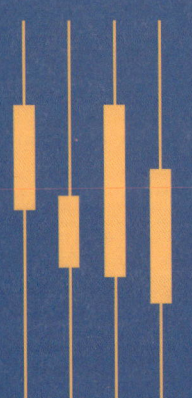

한 번 배우면 평생 써먹는
ETF 투자법

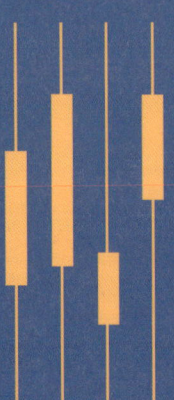

4장

첫 번째 수익무기 '지수 ETF'

01

수익무기를 꺼내기 전에
칼날을 점검하는 마음으로

ETF로 수익을 내는 방법은 정말 다양하다.

하지만 내가 지금까지 꾸준히 써온 무기는 단 하나다.

그 하나를 깊이 익혔고, 실제로 수익을 내왔다.

이 방식이 모두에게 통하는 정답이라고 생각해본 적은 없다. 다만, 내가 실전에서 써온 이 방식으로 수익을 내고 있는 사람들이 분명 존재한다.

운영 중인 네이버 카페에 오면, ETF로 오랜 시간 수익을 낸 이들의 후기를 확인할 수 있다. 모든 후기는 회원들이 자발적으로 남긴 글이다.

나누려는 마음이 깔린 후기들이라, 단순한 인증을 넘어선 실전 노하우가 녹아 있다. 읽는 것만으로도 배울 것이 많고, 심지어 공짜다.

나 역시 지수 ETF, 섹터 ETF, 원자재 ETF 등 다양한 투자 방법을 병행하고 있다. 하지만 이 책에서는 지수 ETF에만 집중하려 한다.

가장 본질적이고, 가장 먼저 익혀야 할 무기이기 때문이다.

주식시장의 본질이 완전히 무너지지 않는 한,

지수 ETF는 앞으로도 계속 쓸 수 있는 무기다.

물론, 아무리 좋은 무기라도 다룰 줄 모르면 소용없다. 전설의 검도 휘두를 줄 모르면 그저 무거운 쇳덩이에 불과하다. 나는 이 무기를 들고 실전에 나가 날마다 갈고 닦으며 여기까지 왔다.

실전 속에서 칼날을 다듬고, 또 다듬었다.

이제 그 칼을 당신 손에 쥐어줄 차례다.

지금부터, 내가 선택한 단 하나의 무기 '지수 ETF'에 대해 본격적으로 이야기해보자.

02

지수 ETF 투자로 망할 것 같으면 이민을 가는 게 맞다

'지수'는 시장을 수치로 표현한 것이다. 투자에서 '시장'은 거래가 이루어지는 추상적인 영역이다. 한국에는 코스피**KOSPI**, 코스닥 **KOSDAQ**이 있고, 미국에는 나스닥**NASDAQ**, 다우존스**Dow-Jones**가 대표적이다.

국내 지수 ETF는 코스피, 코스닥 시장에 투자하는 금융상품이다. 우리가 집중적으로 볼 지수 ETF는 '국내 지수 ETF'를 의미한다.

주식시장은 상승장, 하락장, 횡보장으로 나뉜다.

상승장은 '지수 차트가 상승추세에 있음'을 의미한다. 이럴 때 흔히 '시장이 좋다'고 한다. 시장이 좋으면 개별 종목들 대부분이 올라간다. 초보, 고수 모두 수익이 난다.

■ **상승장, 하락장, 횡보장의 모습**

　　횡보장은 '지수 차트가 횡보(박스권, 지지와 저항 구간)하고 있음'을 의미한다. 지지/저항을 활용해서 수익을 낸다.

　　하락장은 '지수 차트가 하락 추세에 있음'을 의미한다. '시장이 안 좋다'고 한다. 대부분 종목이 떨어진다. 이때는 지수가 하락했을 때 수익이 나는 인버스 ETF를 활용해 수익을 낼 수 있다.

　　코스피와 코스닥의 변동성(상승, 횡보, 하락)을 한눈에 보여주기 위해 월봉 차트를 살펴보자.

　　"지수 ETF로도 망할 것 같다"는 말이 과한 표현처럼 들릴 수 있다. 하지만 논리적으로 따져보면, 그럴 정도로 극단적인 선택지를 생각해볼 이유가 분명히 있다.

　　지수 ETF에 투자한다는 건 곧 한국 경제 전체에 분산 투자하는 것

■ 코스피 월봉 차트

출처 : 삼성증권HTS 2024년 4월 28일

■ 코스닥 월봉 차트

출처 : 삼성증권HTS 2024년 4월 28일

이다. '지수'란 시장 전체의 흐름을 숫자로 표현한 것이다. 이 지수는 수십~수백 개의 기업들을 시가총액 비중으로 묶어 만들었다.

예를 들어, '코스피200' 지수는 삼성전자, 현대차, SK하이닉스 등 한국경제를 떠받치는 핵심 대기업 200개 기업의 주가 흐름을 반영한다.

즉, 지수 ETF에 투자한다는 것은 한두 개의 기업이 아닌, 대한민국이라는 시스템 전체에 투자하는 것이다.

그렇다면 이런 질문을 던져보자.

"지수 ETF가 반토막 나거나 ETF 자체가 사라질 상황이 온다면?"

이는 한국의 자본주의 시스템이 붕괴된다는 뜻이며, 단순한 투자 실패의 문제가 아니다. 그 정도로 상황이 악화됐다면, 더 이상 '투자'의 문제가 아니다. 현금, 부동산, 사업, 무엇도 안전하지 않다. 그땐 진지하게 이민을 고민해야 할지도 모른다.

우리가 투자해야 할 지수 ETF의 투자 대상은 대표 지수인 코스피 200, 코스닥150이다. 코스피200, 코스닥150에 투자하면 상장폐지의 위험 또한 제로에 가깝게 만들 수 있다.

반면, 일부 다른 지수 ETF는 자산규모, 유동성, 추적오차 등에 따라 상장폐지 가능성이 존재한다. 물론 그 확률은 낮지만, 투자자라면 반드시 인지하고 접근해야 한다.

지수 ETF 고르는 방법

지수 ETF를 고르는 방법은 간단하다.

❶ 대표 지수 코스피200, 코스닥150에 투자하는 상품을 고른다.
예 KODEX 200, KODEX 코스닥150

❷ 그중에서 시가총액과 거래량(거래대금)을 각각 비교해서 1등을 고르면 된다.

운용사 규모가 큰 삼성자산운용**KODEX**과 미래에셋자산운용**TIGER**을 많이 이용한다.

여기서 꼭 기억해야 할 한 가지 팁!

"같은 지수를 추종하더라도 상품마다 거래량이 크게 다르다."

매수 전에는 반드시 '전일 거래대금'을 비교해보자. 거래가 원활해야 추적오차도 적고, 원하는 시점에 사고팔 수 있다.

상품을 고르는 과정

지금부터, 실제 상품을 고르는 과정을 함께 살펴보자.

1 네이버페이 증권을 검색해서 접속한다.

2 상단 탭에서 '국내 증시'를 클릭한다.

❸ 왼쪽 메뉴바에서 'ETF'를 클릭한다.

국내증시
∣ KRX 주요시세
코스피 ∣ 코스닥 ∣ 선물
코스피100 ∣ 코스피200
코리아밸류업 ∣ 코넥스
시가총액 ∣ 배당
업종 ∣ 테마 ∣ 그룹사
ETF ∣ ETN
상승 ∣ 보합 ∣ 하락
상한가 ∣ 하한가
급등 ∣ 급락

❹ 여기에서 국내, 해외 ETF 등을 거래량, 거래대금, 시가총액 등의 순으로 볼 수 있다. 다음 그림은 국내 증시에 들어가서 시가총액 순으로 정렬한 것이다. 코스피200, 코스닥150 ETF 중 상위 상품을 확인할 수 있다.

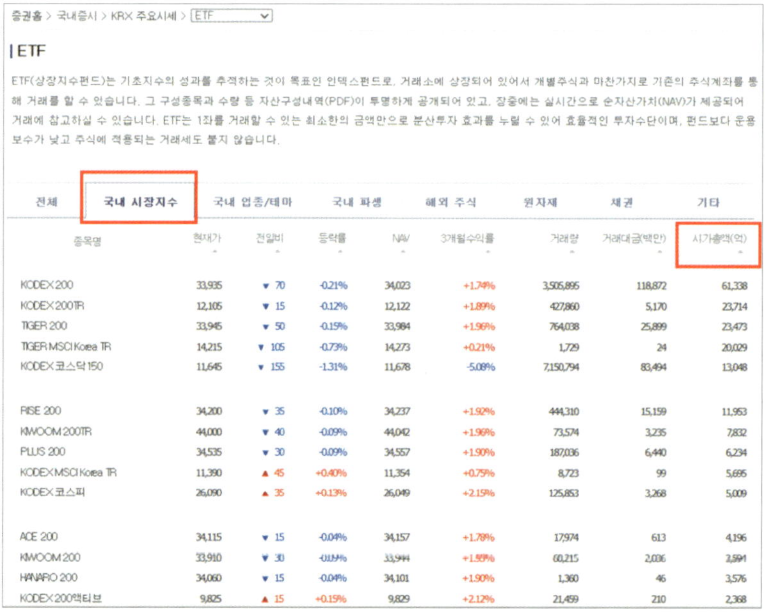

증권홈 > 국내증시 > KRX 주요시세 > [ETF ∨]

∣ ETF

ETF(상장지수펀드)는 기초지수의 성과를 추적하는 것이 목표인 인덱스펀드로, 거래소에 상장되어 있어서 개별주식과 마찬가지로 기존의 주식계좌를 통해 거래를 할 수 있습니다. 그 구성종목과 수량 등 자산구성내역(PDF)이 투명하게 공개되어 있고, 장중에는 실시간으로 순자산가치(NAV)가 제공되어 거래에 참고하실 수 있습니다. ETF는 1좌를 거래할 수 있는 최소한의 금액만으로 분산투자 효과를 누릴 수 있어 효율적인 투자수단이며, 펀드보다 운용 보수가 낮고 주식에 적용되는 거래세도 붙지 않습니다.

전체	국내 시장지수	국내 업종/테마	국내 파생	해외 주식	원자재	채권	기타
종목명	현재가	전일비	등락률	NAV	3개월수익률	거래량	거래대금(백만)	시가총액(억)
KODEX 200	33,935	▼ 70	-0.21%	34,023	+1.74%	3,505,895	118,872	61,338
KODEX 200TR	12,105	▼ 15	-0.12%	12,122	+1.89%	427,860	5,170	23,714
TIGER 200	33,945	▼ 50	-0.15%	33,984	+1.96%	764,038	25,899	23,473
TIGER MSCI Korea TR	14,215	▼ 105	-0.73%	14,273	+0.21%	1,729	24	20,029
KODEX 코스닥150	11,645	▼ 155	-1.31%	11,678	-5.08%	7,150,794	83,494	13,048
RISE 200	34,200	▼ 35	-0.10%	34,237	+1.92%	444,310	15,159	11,953
KIWOOM 200TR	44,000	▼ 40	-0.09%	44,042	+1.96%	73,574	3,235	7,832
PLUS 200	34,535	▼ 30	-0.09%	34,557	+1.90%	187,036	6,440	6,234
KODEX MSCI Korea TR	11,390	▲ 45	+0.40%	11,354	+0.75%	8,723	99	5,695
KODEX 코스피	26,090	▲ 35	+0.13%	26,049	+2.15%	125,853	3,268	5,009
ACE 200	34,115	▼ 15	-0.04%	34,157	+1.78%	17,974	613	4,196
KIWOOM 200	33,910	▼ 30	-0.09%	33,944	+1.89%	60,215	2,036	3,691
HANARO 200	34,060	▼ 15	-0.04%	34,101	+1.90%	1,360	46	3,576
KODEX 200액티브	9,825	▲ 15	+0.15%	9,829	+2.12%	21,459	210	2,368

재테크 VOD 공부 팁

VOD는 '수동적인 공부법'으로 내가 집중하지 않아도 영상이 재생되면서 계속 진도가 나간다. 그래서 영상이 끝나면 이해하지 못했음에도 불구하고 뇌는 '이해했다고 착각'한다. 이걸 막아주는 방법이 있다.

① VOD는 딱 3번 본다고 마음먹는다.
② 1회차 때는 느리더라도 반드시 내 손으로 영상을 요약 정리한다.
③ 2회차 때는 내가 1회차 때 요약 정리했던 내용 중심으로 본다.
④ 3회차 때는 라디오처럼 편안하게 듣는다. 이때 뇌 속에 깊게 자리잡는 걸 느낄 수 있다. 1~2회차 때 바짝 긴장했던 뇌를 다시 이완시키면 안 들렸던 내용들이 들리게 된다.

나는 이런 VOD 공부법을 깨우치고, 6개월 만에 수능으로 서울에 있는 대학교에 입학했다. (물론 VOD만 본 건 아니다. 문제집도 풀고, 버스, 지하철에서 눈을 감고 계속 읊조리는 과정까지 추가했다. 핵심은 '몰입'이다. 재테크 VOD를 예능 유튜브 보듯이 멍때리면 시간을 날린다.)

03

양날의 검
레버리지 ETF

레버리지 ETF는 잘 쓰면 누구보다 빠르게 수익을 낼 수 있지만, 잘못 쓰면 누구보다 깊은 손실을 입는다.

그래서 나는 레버리지 ETF를 '양날의 검'이라 부른다.

이 무기는 빠르게 휘두를수록 자신을 더 깊게 벤다. 레버리지는 천천히 휘둘러야 진짜 무기가 된다.

나도 한때 너무 일찍 들어갔다가, 두 배로 깨진 적이 있다. 그날 이후, 이 무기는 천천히 다뤄야 한다는 걸 뼈저리게 배웠다. 왜 그런지, 지금부터 구조적으로 들여다보자.

실제 투자에서 나는 1배수 ETF보다 레버리지 ETF를 더 자주 쓴다.

그 이유는 단순히 '2배 오른다'는 기대 때문이 아니다.

그 구조의 특성과, 그것을 통제할 수 있는 나만의 기준이 있기 때문이다.

레버리지 ETF 구조와 투자 기준

레버리지 ETF가 수익무기가 되는 이유는 크게 4가지다.

❶ 지수가 상승할 경우, 2배로 오른다. 반대로 지수가 하락할 경우에도 2배로 떨어진다. 단순하지만 강력한 구조다.

❷ 레버리지 ETF의 진짜 매력은, 상승보다는 하락 구간에서 2배로 떨어진다는 점이다. 왜냐하면 싸게 살 수 있는 기회를 명확하게 제시해주기 때문이다.

❸ 한국 주식시장은 변동성이 크다. 지금까지의 경험상, 2년 동안 천천히 오른 것을 단 6개월 만에 모두 반납하는 시장이 바로 한국이다. 이런 거친 시장에서 레버리지는 매우 유효하게 작동한다.

한 번 배우면 평생 써먹는 ETF 투자법

❹ 레버리지 ETF의 핵심 전략은 분할매수를 아주 천천히 하는 것이다.

이것만 지키면 승률은 생각보다 높다.

지수 ETF를 무한대로 계속 살 수만 있다면, 결국 '평단가(평균매입단가) 싸움'에서 밀리지 않는다.

이 개념은 '도박사의 오류Gambler's Fallacy'로 설명이 가능하다.

분할매수의 중요성은 '도박사의 오류' 개념을 알면 훨씬 쉽게 이해된다.

홀짝 게임을 한다고 가정해보자.

이 게임은 독립사건이다. 앞에서 무슨 일이 일어났든 다음 결과에 아무 영향도 주지 않는다.

예를 들면, 이렇다.

❶ 1번째 게임에서 '홀'을 골랐다. 결과는 '짝'. 돈을 잃었다.

❷ 2번째도 '홀'을 골랐다. 또 '짝'. 또 잃는다.

❸ 오기가 생긴다. 계속 '홀'을 고른다. 주사위는 10번 연속 '짝'. 계속 깨진다.

❹ 11번째, '짝'을 고르자마자 주사위는 '홀'이 나온다.

당신은 흥분하며 외친다.

"이건 조작이다!"

"사기 아니야?"

하지만 조작이 아니다. '짝'이 10번 연속 나올 확률은 1/1024. 즉, 0.1%도 안 되는 사건이 터진 것이다. 희박하지만, 충분히 일어날 수 있다. 시장에서 이와 비슷한 일이 실제로 일어난다.

지수는 계속 빠진다. 바닥 같지만 또 빠진다.

이럴 때 가장 많이 무너지는 사람은, 일찍 들어가서 버티려는 사람이다.

"분할매수만 천천히 하면 된다."

레버리지는 빠른 수익을 위한 무기가 아니다.

천천히, 깊이 이해한 사람만이 휘두를 수 있는 무기다.

한 번 배우면 평생 써먹는 ETF 투자법

재테크
일타
윤타의
투자력

레버리지 ETF 투자 전
사전 교육

■ 일반투자자 대상 교육 안내

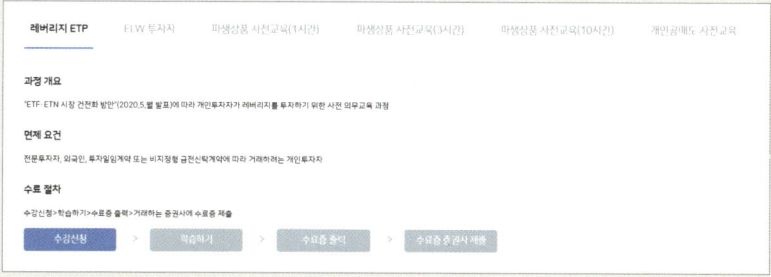

출처 : 금융투자협회 학습시스템

레버리지 ETF는 2020년 5월부터 시행된 'ETF·ETN 시장 건전화 방안'에 따라 사전교육을 받아야만 투자가 가능하다.

교육 이수는 금융투자교육원에서 진행하는 사전교육 '한눈에 알아보는 레버리지 ETP(ETF, ETN) Guide' 강의를 수료하면 된다.

■ 금융투자협회 학습시스템 이러닝

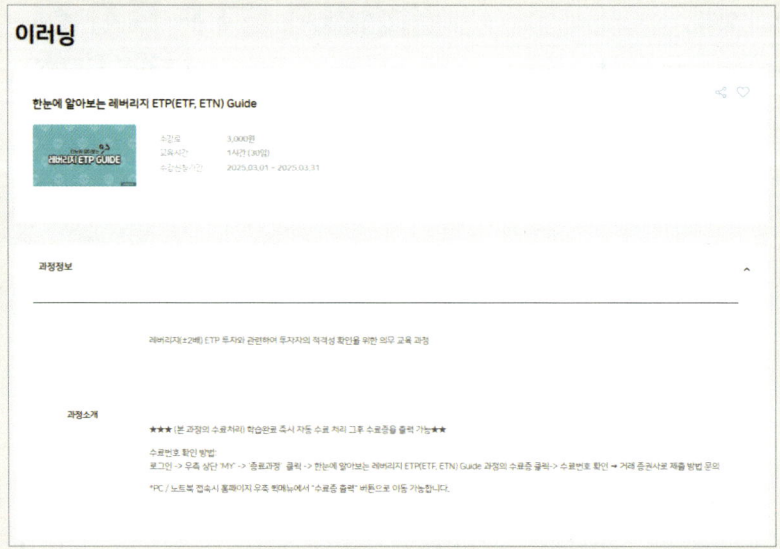

출처 : 금융투자협회 학습시스템

영상은 1시간 분량이며, 수강료는 3,000원으로 유료 강의다.

(2025년 6월 16일 기준)

04
독이 든 성배
인버스 ETF

'지수 인버스 ETF'는 지수가 하락할 때 수익이 나는 상품이다.

시장 전체가 무너져 대부분의 종목이 파란불을 켤 때, 인버스 ETF 는 홀로 빨간불을 켠다. 그래서 수많은 투자자들이 그 탐스러운 붉은 와인잔에 기꺼이 입을 적신다. 문제는 그 잔 안에 '독'이 들어 있다 는 것이다.

인버스 ETF는 나와 수강생들을 갈라놓은 강력한 무기였다.

나는 하지 말라고 했지만, 하락장만 되면 꼭 누군가는 그 잔을 들 었다. 그리고 지금까지 인버스 ETF 와인을 마시고, 끝이 좋았던 사 람은 단 한 명도 없었다.

그래서 나는 인버스 ETF를 '독이 든 성배'라 부른다.

한 입 마시고 독을 이겨내면 강력한 힘을 얻는다. 그러나 대부분 그 독을 버티지 못하고 쓰러진다. 왜 그럴까?

지금부터 3가지 이유로 짚어보자.

이유 1. 인버스는 1/3 확률 싸움이다

주식시장은 상승/하락/횡보로 움직인다. 인버스 ETF는 오직 하락장에서만 수익이 난다. 상승장에선 당연히 손실이고, 횡보장에서도 시간이 지날수록 손해가 누적된다.

특히 한국 시장은 오랜 기간 박스권에 갇혀 있는 '박스피' 시장이다.

이런 환경에서 인버스를 들고 있는 건 사실상 1/3의 확률 싸움이다.

수익은 잠깐이지만 손실은 오래갈 수 있다. 버틴다고 회복되지 않는다. 돈은 다 묶이고 계좌는 망가진다.

이유 2. 시장은 장기적으로 우상향한다

시장은 장기적으로 우상향한다고 믿기에 사람들은 투자에 나선다. 그리고 실제로도 상승장의 길이와 빈도는 하락장보다 훨씬 길고 많다.

그런데 인버스 ETF는 그 흐름에 정면으로 거스르는 투자 방식이다.

장기적으로는 결국 시장이 올라간다. 그렇다면 인버스를 장기 보유한다는 건 시장의 본성과 정반대로 서는 일이다.

이 무기는 초보자용이 아니다.

정확한 방향과 짧은 타이밍을 노리는 '단타 전용 단검'이다. 내가 타이밍을 잘 맞추는 고수가 된 다음에 도전해도, 전혀 늦지 않다.

이유 3. -50% 손실은 +100% 수익이 필요하다

인버스 ETF는 구조적으로 손실 회복이 불리한 구조를 갖고 있다.

보유 종목이 -50%가 되었을 때, 다시 원금으로 회복하려면 +100%의 상승이 필요하다. 하지만 시장은 그렇게 움직이지 않는다.

실제로 인버스 투자자가 방향을 잘못 잡고 하락장에서 진입했다가, 예상보다 빠르게 반등하거나 그냥 횡보만 해도 손실을 회복할 방법이 없다.

장은 제자리로 돌아왔지만, 인버스 ETF는 -1.82% 손실.

이것이 바로 인버스의 구조적 한계다.

구간	시장	인버스 ETF
DAY 1	100 → 110 (+10%)	100 → 90 (-10%)
DAY 2	110 → 100 (-9.09%)	90 → 98.18 (+9.09%)
결과	원위치 (100)	98.18 (약 -1.82% 손실)

방향을 맞췄더라도, 그 과정에서 출렁임(변동성)이 크면 결국 손해를 본다.

예측이 맞아도 수익이 나지 않는 이상한 상품, 그게 인버스다.

오직 독자를 위한 특별강의 4 **20년 동안 제자리걸음인 코스피**

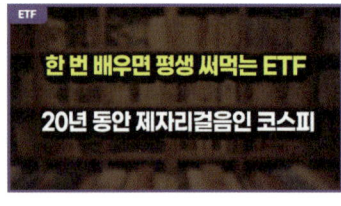

이제 실전이다!
지수 ETF 매수시점부터
매수타점까지

이제부터는 실전 투자를 배운다.

단순히 머릿속 개념을 아는 것이 아니라, 투자시장이라는 전쟁터에 들어가서 직접 칼을 뽑는 단계다.

먼저, 주의할 점이 있다.

앞에서 배운 개념이 탄탄하지 않으면, 실전에서는 반드시 흔들린다. 뉴스, 유튜브, SNS… 수많은 정보가 소음이 되어 당신의 투자 리듬을 무너뜨릴 것이다. 그래서 실전 기술을 익히기 전에, 반드시 앞의 내용을 한 번 더 정독할 것을 권장한다.

"개념 없이 기술만 배우는 건, 칼만 쥐고 싸움터에 나가는 것과 같다."

앞으로 배울 실전 내용은 총 3가지다.

1 매수시점 : 어떤 전쟁터에 싸울 것인가

지수 ETF를 언제 매수할지를 판단하는 첫 단계는, '시장 전체 흐름'을 읽는 것이다.

예 상승장, 횡보장, 하락장 중 어디에서 싸울지를 결정해야 한다.

조금 쉽게 말하면, 투자자라는 장군이 전쟁을 치르기로 결심한 순간, 그 전장을 상승장으로 할지, 횡보장으로 할지, 하락장으로 할지 고르는 것이다. 높은 곳에서 숲을 바라보는 장군만이 유리한 전투를 설계할 수 있다. 시장 전체의 지형을 먼저 보고 나서야 그 안에서 전략이 세워진다.

② 매수방법 : 어떻게 병사들을 투입할 것인가

여기서는 피라미드 매수법과 지지·저항 매수법을 배운다. 지수 ETF를 한 번에 몰빵하지 않고, 전략적으로 나눠서 싸우는 기술을 익힌다.

③ 매수타점 : 언제 출격 명령을 내릴 것인가

전장도 정했고, 병력도 준비됐다. 이제는 언제 칼을 뽑아야 할지, 언제 병사를 투입해야 할지를 결정할 차례다. 전투에서는 '언제'가 '얼마만큼'보다 중요할 때가 많다. ETF 투자도 마찬가지다. 가격이 흔들리는 시점에 무작정 진입하면, 싸우기도 전에 손실을 입는다.

이 부분에서는 실전에서 가장 자주 쓰는 매수 전술인 '쌍바닥 매수타점'을 배운다. 이 타점은 ETF뿐만 아니라, 개별 종목 매수에도 유효하다.

시장에 흔들리지 않고 진입할 수 있는 몇 안 되는 타점 중 하나다.

특히 하락장이 잦은 한국 시장에선, 이 전략 하나만 제대로 익혀도 평생 써먹을 수 있다.

05
매수 버튼 누르기 전에
3분만 더 투자하자

　지수 ETF는 망하지 않는다라는 것만 믿고 "지수 ETF는 어차피 기다리면 다시 오를 거니깐 아무때나 사도 되지 않나요?"라고 생각할 수 있다. 하지만, ETF도 결국 '가격'에 따라 수익률이 달라진다. 비싸게 사면 수익이 작고, 싸게 사면 수익이 크다.

　싸게 사야지 오를 때 분할매도를 통해 수익을 내면서 보유물량을 조절하여 심리적으로 유리한 포지셔닝까지 잡을 수 있다.

　지수 ETF는 종목선정을 하는 시간과 에너지를 아껴준다. 하지만 '사면 오른다'는 환상은 금물이다. 아껴진 시간과 에너지를 매수와 매도 시나리오를 짜는데 투입하면 수익금이 향상될 것이다.

결국 '싸게 사고 비싸게 파는 것'이 수익을 만든다.

매수 버튼을 누르기 전에 딱 3분만 투자하자.

무지성 매수를 막아주는 뇌의 브레이크!

3분 동안 3가지 사항을 체크한다.

1. 지수 체크

지수의 방향성이 상승, 횡보, 하락인지 파악한다. 과열(단기급등) 구간(캔들-이동평균 5일선과의 이격도 大)이라면 매수하는 것을 조금 미루는 것이 좋다.

2. 시황(시장상황, 거시경제) 체크

기준금리, 환율, 전쟁, 질병과 같은 시장의 변수를 체크한다. 과하게 떨어진다면 (과매도) 매수 기회로 삼을 수 있다.

3. 내 계좌 점검

현재 보유 ETF 비중, 예수금(현금) 여유, 이번 매수의 배정금액을 체크한다.

이렇게 3가지를 체크하고 난 다음에, '지금 사는 이유'를 스스로 만들 수 있다면 매수하면 된다. 스스로 납득이 안 된다면 한 템포 늦

쳐도 괜찮다. 지수 ETF는 언제나 기회가 돌아온다.

ETF도 싸게 사야 한다.

ETF도 사기 전에 '근거'가 있어야 한다.

06
지수 ETF 매수시점
_언제 전쟁터에 진입할 것인가

투자자는 장군이다.

장군에게 가장 중요한 건 싸움의 기술이 아니다.

어느 전쟁터를 선택할 것인가, 바로 그 결정이 전쟁의 절반을 좌우한다.

지수 ETF 투자는 시장 전체를 전장 삼아 싸우는 전략이다.

그래서 단순히 '싸울 때'를 고민하기 전에, '어떤 전장을 선택할 것인가'를 먼저 결정해야 한다.

투자시장에는 3가지 전쟁터가 있다.

① 상승장

② 하락장

③ 횡보장

각 전장마다 싸움 방식이 다르고, 장군의 전략도 달라야 한다. 지금은 어떤 전장에 내가 들어가 있는지를 먼저 파악해야 한다.

지수 ETF의 매수시점은 2가지다.

매수시점 1. 하락장에 돌입했을 때

1. '지하 10층 밑에 암반수가 있다'라는 말이 있을 정도로 시장이 한번 하락하기 시작하면 어디까지 하락할지 모른다. 그러나 고점을 찍고 하락하는 그 시작점은 알 수가 있고 체크해야 한다.

2. 지속적인 상승의 과열을 막기 위해서 한 번 쉬어가는 건지(일시적 조정) 진짜 하락장으로 전환된 건지 파악하는 게 이제부터 중요하다. 그걸 판단하는 하락 시그널의 기준이 필요하다. 이 기준을 안다고 해서 100% 다 맞출 수 있는 건 아니다. 그러나 아는 것과 모르는 것은 천지 차이다.

우리가 투자공부를 하는 이유는 점쟁이가 되려는 게 아니다. 1% 의 승률을 높이기 위해서 공부하는 것이다.

3. 시장의 하락 시그널의 기준은 다음과 같다.

❶ 지수 차트 : 지지를 받아오던 주요 지지선이 무너질 때. 이 시 그널을 가장 중요하게 생각한다. 이때는 1주를 일단 매수한다. (나는 코스피, 코스닥 ETF는 주식계좌에 무조건 1주 보유하고 있다.)

❷ 환율 : 환율이 급격하게 올라갈 때. 원/달러 환율은 동아시아 외환위기(IMF 사태) 이후 꾸준하게 우상향 하고 있다. 그런 와 중에 급등을 했을 땐 예민하게 본다. 외국인 투자자의 매도세 가 강할 수 있다. 저점에서 샀던 주식을 매도하면서 시세차익 도 내면서 환차익까지 노릴 수 있기 때문이다.

❸ 금리 : FOMC(미국 연방공개시장위원회)에서 금리 인상이 이어지 면, 시장의 유동성은 줄어들고 지수는 꺾인다. 금리가 '동결'이 라도, 긴축적 발언만으로도 시장은 민감하게 반응한다.

❹ 글로벌 변수 : 예고 없이 터지는 사건/사고 예 이란·이스라엘 전쟁, 러시아·우크라이나 전쟁, 팬데믹, 이상기후 등

이거 외에도 확인할 사항들이 더 있지만 초보 투자자라면 이렇게 4가지만 체크해도 충분히 대응이 가능하다고 본다.

시황을 보는 건 전문가의 영역이라고 생각할 수 있다. 하지만 시황을 보는 건 투자자라면 누구든 가능하다. '경험'이 필요한 영역이므로 계속 시장과 함께하다 보면 자연스럽게 시야는 넓어지고 뉴스를 보고 수익으로 연결시킬 수 있다.

2019년부터 지금까지 주식시장이 열리는 날에는 하루도 빼놓지 않고 매일 새벽에 일어나서 시황을 체크했다. 코로나 바이러스에 걸렸던 날도, 가족상이 있던 날도 빼놓지 않았다. 누군가에게 부탁한 적도 없고 항상 실시간 라이브로 미국시장과 전날 한국시장을 브리핑했다. 잘난 건 없는 사람이지만 이거 하나만큼은 정말 스스로 대견하다고 생각한다.

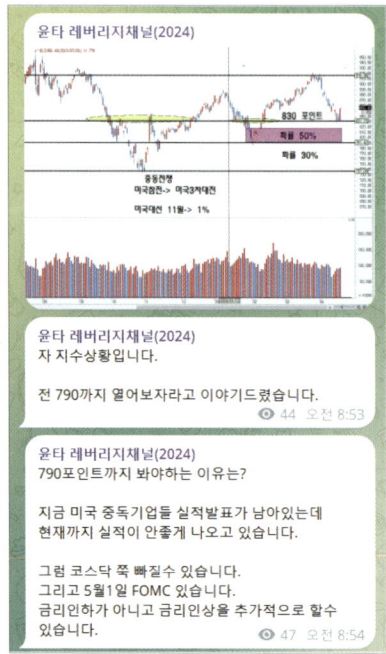

출처 : 윤타 레버리지채널 2024년 4월 19일

출처 : 윤타 레버리지채널 2024년 4월 26일

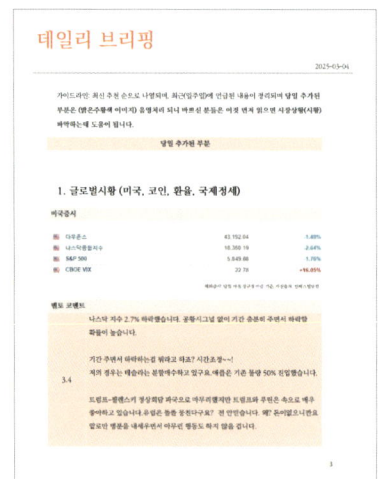

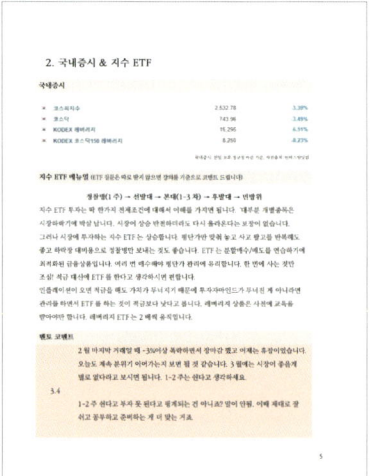

출처 : 윤타 투자노트 2025년 3월 4일

한 번 배우면 평생 써먹는 ETF 투자법

매수시점 2. 하락 추세에서 상승 추세로 바뀔 때

1. 시장은 늘 출렁인다. 오르기만 하는 시장도 없고, 내리기만 하는 시장도 없다.

하락장도 언젠가 멈춘다. 우리가 주목해야 할 건 '이제 바닥을 찍고 올라가려는 낌새가 보일 때'다. 즉, 추세가 바뀌는 시그널을 감지하는 순간이다.

2. 하락이 멈췄다는 판단 기준은 다음과 같다.

- **추세선 돌파** : 주가캔들이 하락 추세선을 돌파하는 시점이다. 여기서 거래량까지 폭발적으로 상승하면 더욱 좋다.

- **전 저점 지지 성공** : 하락장에서 중요한 '이전 저점'을 이탈하지 않고 지지할 경우, 시장에 버티는 힘이 생겼다는 뜻. 시장 참여자들의 매도세가 줄어들었다고 해석할 수 있다. 하락률보다 상승률이 더 커지면서 주가캔들의 우상향 추세도 같이 보면 좋다. (동시에 추세선 돌파도 같이 봐주면 금상첨화. 투자에 대한 판단을 하나의 시그널, 원인으로만 단정짓는 사고방식은 계좌를 퍼렇게 물들게 한다.)

■ 코스닥 차트

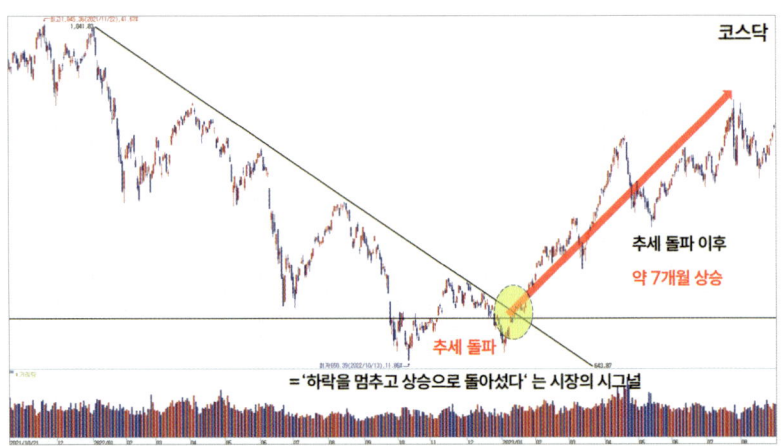

코스닥

추세 돌파 이후
약 7개월 상승

추세 돌파
= '하락을 멈추고 상승으로 돌아섰다' 는 시장의 시그널

출처 : 삼성증권HTS 2023년 8월 9일

- 대중의 관심 : 신문기사와 SNS, 유튜브에서 관심이 없고 외면할 때가 좋은 기회라고 본다. 반대로 대중들의 관심이 많을 땐 고점이라고 보고 시장을 떠날 채비를 한다.

(책을 출간하는 입장에서 이 내용을 쓸까 말까 고민했다. 사실, 난 서점에 투자 관련 서적들이 많이 깔리면 투자 위험 시그널로 본다. 그래서 해외주식 책이 많이 나온 2024년 10월부터 천천히 분할매도를 하고, 금 ETF 매수 관점을 운영하는 커뮤니티 및 정보 채널에 반복해서 관련 의견을 전달했다. 편집이 안 된다면 이 내용을 볼 수 있고 편집이 되면 이 내용은 못 볼 것이다.)

한 번 배우면 평생 써먹는 ETF 투자법

■ **코스피 차트**

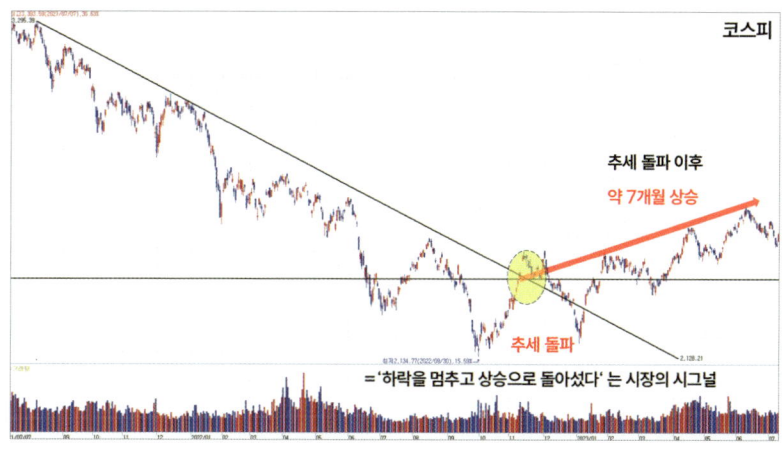

출처 : 삼성증권HTS 2023년 8월 9일

덧붙이면,

'시황'을 보는 실력이 쌓이고 시간이 되면 본인이 직접 분석해도 된다. 하지만, 웬만하면 '시황'을 보는 건 아웃소싱하는 것이 좋다. 요즘엔 큰돈 들이지 않고도 시황과 투자정보를 제공하는 정보서비스가 잘 발달되어 있다. 내가 모든 걸 다하는 시대는 갔다. 아웃소싱을 잘하는 것도 투자자로서 필수 능력이다.

07

지수 ETF 매수방법

1. 피라미드(삼각형) 매수법

피라미드 매수법은 4차례에 걸쳐서 분할매수를 하는 것이다.

1차 정찰병 : 1주

2차 선발대 : 투자금의 10%

3차 본대 : 투자금의 20~40%

4차 후발대 : 투자금의 40~100%

여기서 4차례라는 숫자에 큰 의미를 부여할 필요는 없다. 3차례에 걸쳐도 좋고, 5차례에 걸쳐도 좋다. 차수가 진행되면서 앞선 투자금의 2배수만큼 매수하면 된다.

이렇게 매수했을 때 유리한 점은 '평균 매입단가(이하 평단가)'를 조절할 수 있다. 천천히 분할매수를 하므로 따발총 쏘듯이 매수하지 않고, 차분하게 지켜보면서 투자금을 여유롭게 운용할 수 있다.

지수 ETF 투자는 매수와 매도의 중요성이 9 : 1이다.

초보자 입장에서는 분할매수만 잘하면 된다. 평생 투자할 것이기 때문에 매도는 실전 투자를 하면서 자연스럽게 레벨 업이 된다. 그러나 매수는 처음에 잘못된 습관(성급한 몰빵 매수)이 몸에 밴다면 점점 힘들어진다.

시간을 두고 천천히 물량을 늘려나가는 것이 핵심이다.

■ 1천만원을 투자한다면 이렇게

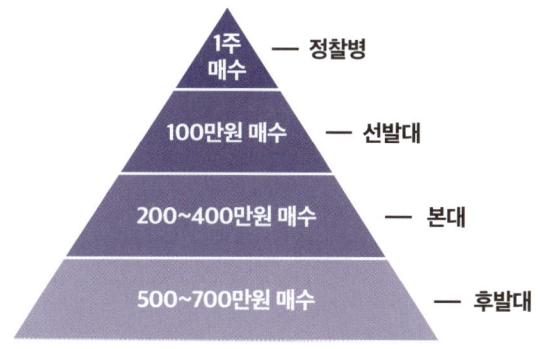

2. 지지/저항 매수법

지지/저항을 활용해서 매수하는 방법이다.

① 지수 차트의 지지/저항선을 긋는다.

② 지지 부근에서 매수를 한다.

③ 해당 지지라인이 무너지면, 다음 지지라인에서 매수한다.

그렇다면, 피라미드 매수법과 지지/저항 매수법을 하나로 합쳐서 실전 투자를 하면 어떻게 될까? 다음과 같이 할 수 있다.

(지수 ETF 투자를 하기로 결정했다. 1주를 당일 또는 다음 날 바로 산다.)

❶ 지지/저항선을 긋는다.

❷ 첫 번째 지지라인 부근에서 선발대를 투입한다.

❸ 두 번째 지지라인 부근에서 본대를 투입한다.

❹ 세 번째 지지라인에서 후발대를 투입한다.

지지/저항 제대로 이해하기

지지/저항은 주식 투자에 있어서 매우 중요하다. 그런데도 지지/

저항을 모르고 주식 투자를 하는 사람들이 꽤 많다. 직접 차트를 보면서 확실히 깨달아야 내 것이 되고 실전에서 효과적으로 써먹을 수 있다.

1. 지지

캔들이 떨어지지 않고 버텨주는 지점(주가)을 말한다.

차트로 직접 확인하자.

■ **셀트리온제약 일봉 차트**

출처 : 삼성증권 HTS 2024년 8월 13일

지지선에서 주가가 반등하는 모습을 여러 차례 볼 수 있다. 이런 특징을 가지고 실전 투자에 응용해볼 수 있다. 우리가 매수해야 할 타이밍을 알려준다.

바로, 지지선이 깨지지 않고 버텨줄 때다!

그때는 주저하지 않고 매수한다. 물론 처음부터 큰 금액으로 하면 안 된다. 연습이 필요하다.

차트를 한번 보자. 계속 내려오고 있다. 그러면 이전 지지선까지 떨어질 수 있겠다고 판단하면서 '추가 매수' 타이밍을 노릴 수 있다.

'종목의 개별 위험'이 아닌 시장 위험으로 하락하는 경우 '시장 하락'이라고 한다.

예 러시아-우크라이나 전쟁, 유가파동, 코로나 바이러스와 같은 팬데믹, FOMC의 금리인상 시즌 돌입, 부동산 사모펀드**PEF** 부실사태, 동아시아 외환위기**IMF**, 미국발 금융위기, 남북관계 악화로 인한 지정학적 리스크

시장 하락을 대비해 항상 현금을 보유하는 것도 매우 중요하다.

2. 저항

지지를 봤으니, 이번에는 '저항'에 대해 알아보자.

저항선에서 저항을 맞고 내려간다. 저길 뚫으면 어떻게 될까? 모

■ **셀트리온제약 일봉 차트**

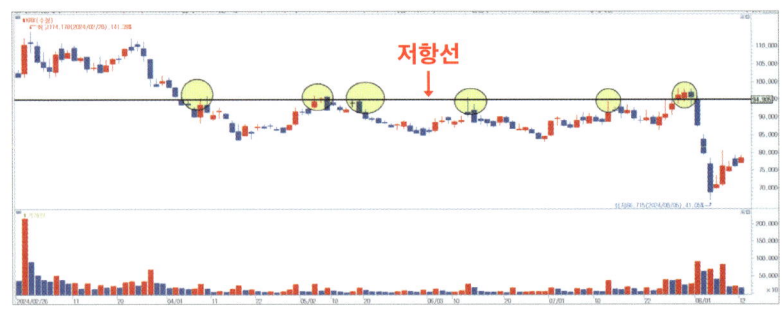

출처 : 삼성증권 HTS 2024년 8월 13일

한 번 배우면 평생 써먹는 ETF 투자법

른다. 그렇기 때문에 매수 계획을 세우면서 동시에 매도 계획도 미리 세워야 한다.

수익은 매도하는 순간에 난다. 부동산도 마찬가지다. 내가 살고 있는 집이 지금 당장 2배가 되면 기분이 좋지만 수익이 발생한 건 아니다. 팔고 나서 통장으로 돈이 들어와야 내 수익이다.

곰곰이 생각해보면 당연한 말이다. 그런데도 대부분의 투자자는 이 사실을 잊어 버린다. 저항선을 활용하여 매도점을 잡을 수도 있다. 여기에, 자동 매매까지 더한다면 직장, 육아 등으로 실시간 대응을 못하는 개인투자자로서 투자시스템을 꼴 집고 있는 것이다.

자주 받는 질문 중의 하나가 저항선 부근에서의 대응이다. 저항선을 맞고 떨어질지 저항선을 돌파할지 정확하게 알 수 있는 사람은 없다. (있다면 사기꾼) 그래서 반반이 스킬을 쓴다.

저항은 우리 실생활에서도 찾아볼 수 있다.

수학 점수 100점을 목표로 공부하는 학생이 있다. 매일 시험 볼 때마다 85~89점을 맞는다. 이때 90점을 저항(선)으로 보면 된다. 90점을 넘는 순간 그 학생은 100점의 고지에 닿을 수 있다. 물론 95점이라는 저항이 있을 수도 있다.

지지/저항은 차트 분석뿐만 아니라 주식 그 자체를 이해하고 느끼는 데 중요하다. 주식의 본질이다. 선을 그으면서 내 것으로 만들기를 바란다.

08

지수 ETF 매수타점
_쌍바닥

지수 ETF 매수타점은 딱 하나만 쓴다. 바로 쌍바닥이다. 이건 많이 그어보고 경험하는 수밖에 없다. 쌍바닥은 보통 다음 그림과 같이 간다. 쌍바닥이니까 바닥이 두 번 있다는 말이다.

■ **코스닥 지수 차트**

출처 : 삼성증권HTS 2024년 4월 28일

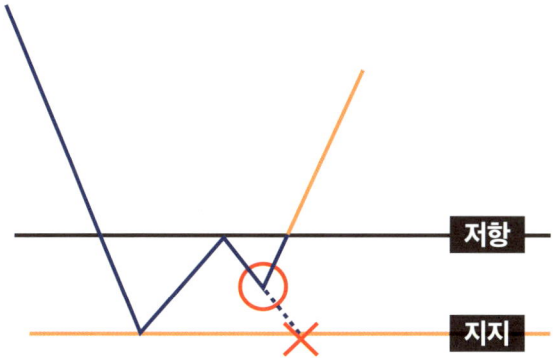

바닥(저점)은 지나고 나서야 알 수 있다. 그래서 지지/저항을 잘 긋는 게 중요하다. 왜냐하면 서항 부분에서 내부분 부딪히기 때문이다.

쌍바닥에서 중요한 포인트는 바닥을 한 번 찍고, 한 번 더 신중하게 보자는 의미다. 그냥 아무 데서나 부딪히지 않고 저항선에서 부딪혀 떨어졌을 때 신뢰도가 좀더 높다. 갈까 말까 하다가 안 간 거다. 그리고 하락하다가 다음 두 조건을 만족하면 쌍바닥의 완성이다.

❶ 이전 바닥보다 더 높은 곳에서 두 번째 바닥을 다지고 상승한다. (= 전 저점을 높이며 상승)

❷ W의 가운데 꼭짓점을 넘어선다. 꼭짓점을 넘어섰다는 건 저항선을 뚫어주었다는 뜻이다. 따라서 큰 힘으로 갈 확률이 높다.

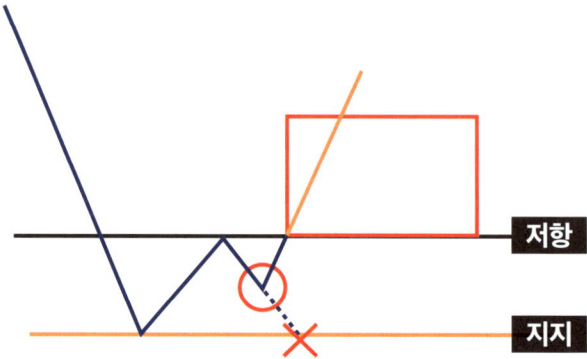

저항

지지

위의 그림처럼 꼭짓점을 넘어섰을 때(= 저항을 뚫었을 때) 빨간 박스 구간이 본격적인 매수시점이다.

 돈맛 내는 기술

· **지수 ETF를 매수할 때**
발바닥을 잡기는 불가능하다(잡았다고 하더라도 운이다). 무릎에서 사려고 노력한다.

· **지수 ETF를 매도할 때**
정수리에서 팔려고 하지 말자(냄새 난다). 어깨에서 팔자.

09

초보인가? 고수인가?
한 방에 구별하는 법

상대방이 주식 초보인지 고수인지 한 방에 알 수 있는 질문이 있다.

"매수가 어려우세요? 매도가 어려우세요?"

만약 매수가 어렵다고 하면 그는 완전 초보다. 제대로 공부하고 한 달만 실전 투자를 해보면 매수보다 매도가 100배 이상 어렵다는 걸 깨닫는다. 매수는 기준점만 있으면 할 수 있다. 그러나 매도는 매매 경험이 쌓이고 시간이 지나도 내공을 쌓기 어렵다.

90승 10패 하는 날까지 계속 노력해야 한다.

나도 매도가 어려웠던 때가 있었다. 하지만 한 가지 관점을 추가하니 조금 쉬워졌다. **바로, 주식을 매수할 때 반드시 매도까지 같이 계획하는 것이다.**

얼마에 살지만 생각하지 않고 매도점까지 반드시 잡고 들어가다 보면, 매도가 조금 수월해질 것이다.

투자한 종목의 주가는 얼마나 자주 확인해야 될까?

투자한 종목의 가격을 얼마나 자주 확인하는 것이 좋을까?

모든 것이 그러하듯이 주식도 밸런싱이 참 중요하다.

예를 들면, 하루에 수시로(10번 이상) 보는 A 유형, 하루에 1~2번만 보는 B 유형이 있다. 지난 10년간 수강생들의 유형을 분석했을 때 스캘핑(초단타 매매법)을 제외하면 B 유형에서 수익률이 높게 나왔다.

당일 매수-매도인 단타도 기법에 맞게 진입 후 지지-저항선 긋고, 수익손절점을 자동매수/매도 기능을 이용한 매매가 수익금이 높았다.

여기서 포인트는 수익률이 아닌 '수익금'이다.

가격 변동을 자꾸 보면 뇌(판단력)가 흔들린다. 최근 정보 편향을 가지고 있는 우리의 뇌는 가격을 자주 확인하고 싶게 만든다. 손실

회피 심리가 작용하면 수익금은 낮고 수익률만 높은 웃픈 현상이 자주 발생되다가 시장의 폭락으로 손실금액이 커져버리는 일이 발생한다. 허무하다. 이런 경우에는 시간을 날린 것 같아 의욕이 떨어진다. 물론 돈 잃고 시간도 날리면 최악이다.

기준을 가진 자동시스템 매매만 잘해도 수익이 날 수 있다. 심리와 마인드가 군건하면 반자동 매매로 수익금을 극대화할 수 있다.

우리를 위협하는 최대 위험은 지금 들어간 종목의 상승과 하락이 아니라, 투자실력이 멈춰 버려서 수십 년 뒤에도 제자리인 자산 가격이다.

오직 독자를 위한 **특별강의 5** [마무리] **지수차트 지지/저항 굿기**

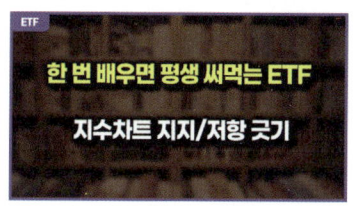

10

매도는 결국 아쉬움과 공포,
둘 중 하나를 선택하는 것
(매도 마인드)

주식 투자에서 가장 어려운 결정은 '언제 팔 것인가'다.

매수는 배운 대로 기준을 잘 지켜서 곧잘 하지만, 매도는 기준을 배웠어도 여전히 어렵다고들 많이 말한다. 왜 어려운지 한번 차분하게 풀어가보자.

이 글을 끝까지 읽는다면 매도에 대해서 분명히 도움될 거다. 이걸 깨닫고, 1년 동안 주식 투자하는 사람들에게 이 내용을 전달해왔는데 매도가 많이 좋아졌음을 느꼈다. (회원들 수익인증 후기가 2배 이상 올라왔다.)

매도가 어려운 이유

① 매도는 인간의 본성을 정면으로 마주하는 일이기 때문이다.

매수는 기준을 세우고 기술적으로 훈련하면 일정 수준에 도달할 수 있다. 하지만 매도는 다르다. 매도는 '이제 그만하자'는 결정을 내려야 하는 순간이다. 여기에는 욕심, 미련, 두려움, 아쉬움 같은 감정이 얽혀 있다.

즉, 기술의 영역이 아니라 **마음과 본성의 영역**이다. 사람은 원래 가진 것을 내려놓는 것을 두려워한다. 익숙함을 버리고 불확실함으로 나아가는 것을 꺼린다. 그래서 매도는 늘 망설이게 만든다.

② 매도는 끝난 것 같지만, 실제로는 계속되고 있는 싸움이기 때문이다.

주식을 팔고 나서도, 우리는 습관처럼 그 종목의 주가를 다시 본다. 떨어지면 안도하고, 오르면 짜증이 난다. '팔았다'는 사실이 투자 종료를 의미하지 않는다는 뜻이다. 마음은 아직도 그 종목에 머물러 있기 때문이다. 이 미련을 다스리지 못하면, 수익을 내고도 후회가 남는다. 그래서 나는 **매도한 종목에 대한 복기를 그날 바로 한다.** 왜 팔았는지, 잘한 결정이었는지, 다음엔 어떻게 할지를 점검한다. 복기를 하면서 '미련'을 점점 떨친다.

'언제 팔았는가'보다 중요한 건 **납득할 수 있는 매도였는가**다.

③ 매도는 결국 '인정'이다.

최고점과 최저점은 지나고 나서야 알 수 있다. 매도를 하고 난 다음에 복기하면서 어디가 고점인지를 그때서야 확인한다. 인정하니깐 마음이 편해졌다.

"나는 최고점에서 팔 수 없고, 최저점에서 살 수 없다."

④ 아쉬움 vs 공포

매도는 결국 공포와 아쉬움 중 하나를 선택하는 것임을 깨달았다. 조금 더 욕심내다가 아쉬움이 아닌 짜증이 찾아올 것이고 그 짜증은 곧 공포로 변한다. 차라리 아쉬움을 선택하자. 주식뿐만 아니라 부동산에 적용해도 도움이 될 것이다. 그래서 내린 결론이다.

"나는 투자가 끝날 때까지 평생 아쉬운 매도를 할 것이다."
"나는 아쉬움을 선택할 것이다."

아쉬움을 뒤로 하고 투자자로서 어제보다 더 나은 삶을 위해서 공부하면 된다. Let's 아쉬움.

> **"매수는 기술이고, 매도는 예술이다."**
> _고레카와 긴조(일본 주식 시장의 신)

11

3천만원 넘게 주식강의 듣고
깨달은 최고의 매도법

다시 한 번 정리해보자. 매수는 자신에게 맞는 '기준'을 빠르게 배우고 실행할 수 있다. 하지만 매도는 시간이 지나도 여전히 어렵다. 오히려 공부하면 할수록 점점 어려워지는 경우도 생긴다.

1. 매도가 어려운 이유는 '기술'의 영역이 아니라 '예술'의 영역이기 때문이다. 이론으로 배우는 것은 반쪽짜리 매도다. 내 돈을 투입해서 매도를 여러 번 하다 보면 어느 순간 '이게 그 말이었구나!'라고 깨닫게 된다.

2. '기준'이 없는 초보 투자자는 보유한 주식을 모두 매도하고도

미련이 남아 매도한 주식의 주가를 여러 번 확인한다. 매도한 주식이 떨어지면 안도감이 든다. 심지어 기쁘기까지 한다. 매도했음에도 해당 종목과 이별을 못한다. 매도 후에도 혼자 전투를 치른다. 그래서 수익으로 마무리하고도 다시 진입해서 물리는 경우가 비일비재하다.

3. 최고의 매도법은 없다. 그러나 최선의 매도법은 존재한다. 다음 2가지를 종이에 천천히 써볼 것을 추천한다. 기억에 오래 남고 마음가짐도 새로워진다. 그리고 이 내용을 매도의 기준(뼈대)으로 삼게 된 것을 감사하게 될 것이다. 난 3천만원 넘게 주식강의를 듣고 이걸 깨달았다.

❶ "난 최고점에서 팔 수 없다"

→ 최고점과 최저점은 지나고 나야 알 수 있다. 분할매도하는 것을 습관화해야 한다. 혹시 꼭대기에서 한 번 팔았다고 실력으로 착각하면 골머리 아프다. 그건 운이었다.

❷ "나는 주식 투자를 그만둘 때까지 아쉬울 거다"

→ 공포감, 짜증보다 아쉬움을 선택해야 한다. 아쉬움이 동기부여가 되어 또다시 수익을 위한 공부를 한다. 주식 목표 수익금이 10억 원이라면 10억 원을 벌 때까지 계속 아쉬울 것이다.

1. 반반이 스킬

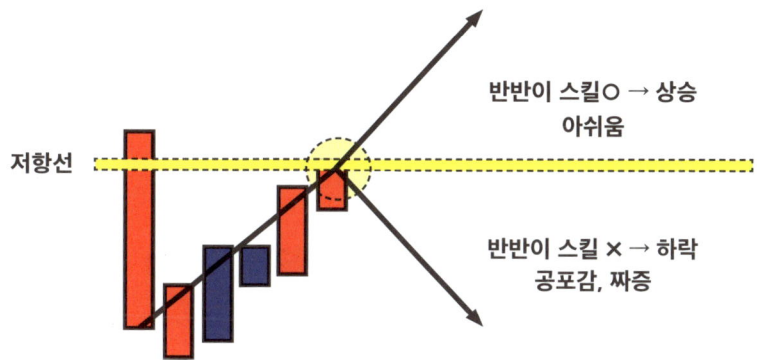

간단하다. 반반이 스킬은 저항선 부근에서 보유한 물량의 절반을 매도하는 기술이다.

반반이 스킬을 쓴 이후의 주가 상황을 생각해보자.

❶ 반반이 스킬 이후 '주가가 내려간다'

재료(이슈, 테마) 분석 후에 반반이 스킬로 확보했던 현금으로 다시 분할매수를 하거나 나머지 50% 물량을 매도할 수 있다.

❷ 반반이 스킬 이후 '주가가 올라간다'

50% 물량을 홀딩하면서 모니터링한다. 모니터링을 한다는 것은 보유 종목과 연관된 신문기사를 읽는 것이다. 이것만 해도 충분하다. 과하면 오히려 골치 아파진다.

(SNS 및 종목 토론방에 가면 심리적인 불안감만 커진다. 그들은 자신의 발언에 대해서 책임을 지지 않는다. 그럴 필요도 없고.)

모니터링을 지속하면서 다음 매도 계획을 준비한다. 보통 다음 저항선에서 2차 반반이 스킬을 쓰는 경우가 많다.

2. 5꺽 매도법 (이동평균선 기준)

5꺽 매도법은 주가 캔들의 몸통이 이동평균 5일선(이하 5일선)을 벗어나면 보유주식 물량의 50%를 매도한다.

5일선은 단기 추세선이다. 캔들이 5일선 위에서 움직이고 있다는 것은 가파르게 상승하고 있다고 해석할 수 있다. 한번 상승하기로 마음먹은 주식은 계속 힘차게 올라간다. 100% 매도를 하지 않고 50%를 매도하는 이유는 5일선 밑으로 내려갔다가 다시 올라가는 경우가 많기 때문이다. 그리고 보유주식의 물량을 50% 줄였기 때문에 주가 하락의 '아쉬움'을 최소화할 수 있다.

매도는 '아쉬움'과 '후회' 중에 하나를 선택하는 것이다. 수익을 손실로 바꿔서 후회하는 것보다 아쉬움을 선택하는 것이 좋다. 이렇게 마음먹는 게 좋다.

"나는 투자를 그만둘 때까지 평생 아쉬움을 택한다!"

한 번 배우면 평생 써먹는 ETF 투자법

■ **5꺽 매도법**

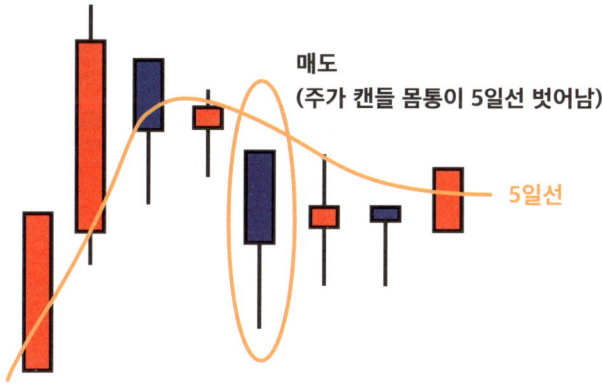

매도
(주가 캔들 몸통이 5일선 벗어남)

5일선

* 매수 → 5꺽 매도 : Best Case! 이와 같은 매매를 하기 위해서 공부한다.

12

미국 주식/ETF는
무조건 오를 거라는 환상

양적 완화가 끝나고 금리인상 기간 동안 코스피, 코스닥이 2년 넘게 하락했다. 그 기간 동안 미국 주식은 역사적인 신고가(상장 이후 최고 가격)를 연일 갱신했다.

미국 주식에 대한 관심이 커졌고 국내 주식으론 수익 내기가 어렵다는 인식이 많아졌다. 그래서 많은 개인투자자들이 미국 주식으로 투자금을 옮겼다. 인터넷에서는 '국장(국내 주식시장의 줄임말) 탈출은 지능순'이라는 말까지 유행처럼 번졌다.

그런데 정말 그랬을까? 2024년 11월 미국 트럼프 대통령이 당선되고 전 세계를 상대로 관세전쟁을 펼치면서 나스닥 지수를 비롯한 미국기업의 주가가 곤두박질쳤다. 테슬라 주가의 변동을 3배로 추종하는 ETF는 고점 대비 93% 하락했다. (2025년 4월 8일 종가 기준)

그제야 사람들은 깨닫기 시작했다. 미국 주식도 무조건 오르진 않는다는 것.

주식은 오르고 내리는 고유의 성질을 가지고 있다.

미국 주식도 결국 '주식'이다. 미국이라고 항상 우상향하는 것은 아니다. 해외 ETF 관련 강연에서 빠지지 않고 했던 말이 있다.

"국내에서 새는 바가지, 국외에서 샌다."

국내 ETF로 수익을 못 내는 사람이 미국 주식/ETF를 한다고 무조건 수익을 낸다는 보장은 없다. 국내 ETF에서 물리거나 손실이 났던 근본적인 문제점이 사라지지 않는다면 대상만 바뀌는 것이지 상황은 같다. 지금은 상승하고 있으니깐 아니라고 부정하지만 결국 결말은 그렇게 되는 걸 수없이 목격했다. 상승과 하락을 반복하면 투자 SNS에서 활동하는 사람들이 계속 바뀌는 이유도 같은 맥락이다.

영원한 상승도 영원한 하락도 없다.

구분	해외상장 ETF	해외지수 ETF (국내 상장)
상장 거래소	해외 (미국, 유럽 등)	국내 (KRX)
거래통화	외화 (달러, 유로 등)	원화 (KRW)
환전 여부	필요 (외화 환전 필수)	불필요 (원화로 바로 거래)
거래시간	해외 시장 거래시간	한국 증시 거래시간
세금 차이	해외 주식 세금 (해외 주식 양도소득세 적용)	국내 주식 세금 (매매차익 비과세)
거래 수수료	상대적으로 높음 (해외 주식 수수료, 환전 수수료)	상대적으로 낮음 (국내 주식과 유사한 수준)
배당금 과세	15.4% 배당소득세 적용	15.4% 배당소득세 적용

이 책에서는 해외자산 운용사가 만들고 해외시장에 상장된 해외 상장 ETF는 따로 자세하게 다루지 않는다. 국내시장에 상장된 해외 지수 ETF를 중점적으로 다룬다.

투자하는 대상, 지역이 동일하기 때문에 환전과 세금, 거래시간 등의 요소를 제외하고는 투자하는 데 어려움이 없을 것이다.

내가 해외지수 ETF 중에서 지금까지 꾸준하게 투자하는 건 '미국 지수' ETF다.

그중에서도 S&P500과 나스닥지수를 중점적으로 알아본다. S&P500은 세액공제용 연금펀드로 많이 활용하는 투자이기 때문에 제대로 알고 있어야 한다.

13

가장 단순하면서 효과적인
미국 주식 투자법
S&P500 ETF + 나스닥100 ETF

패권국가인 미국 경제에 가장 단순하고 효과적으로 투자하는 방법이 있다.

바로 'S&P500'과 '나스닥100'에 투자하는것이다.

S&P500 ETF

'S&P500 지수 ETF'는 1993년 1월에 미국에서 최초로 상장된 ETF다.

S&P는 스탠더드앤드푸어스의 약자다. S&P는 글로벌 금융정보와 기업의 신용평가 정보를 제공하는 회사다. 미국 경제 전반을 반영하

는 500개의 대형 우량기업으로 구성되어 있다. ETF 상품명 끝에 숫자는 이 지수에 포함된 기업 수를 의미한다.

이 지수에 포함된 기업은 모두 미국 증시에 상장된 대기업이며 술, 금융소비재, 헬스케어 등 다양한 분야를 아우른다. 미국 경제의 평균을 알 수 있게 해주는 지표라고 생각하면 된다.

S&P500에 투자하는 ETF는 S&P500이라는 이름이 붙어 있는 것을 찾으면 된다.

예 TIGER 미국 S&P500 (종목코드 : 360750, ETF 종목명은 변경이 되어도, 합병&청산의 경우가 아니면 종목코드는 변경되지 않는다.)

해외상장 ETF에서는 스파이더라고 불리는 SPDR S&P500이 있다. 현재 순자산 규모로 세계 1등 ETF다. S&P500 차트를 보면 상장 이후 꾸준하게 우상향하고 있다.

S&P500 지수 ETF는 적립식 장기투자로 활용하기 좋다. 세액공제 연금펀드를 납입하고 있다면 S&P500을 하라고 말한다. 괜히 머리 쓸 필요 없다.

S&P500에 근무하는 사람들은 일반적으로 다양한 산업 분야를 잘 아는 금융 엘리트로 평가받는다. 해당 ETF에 돈을 넣고 투자한다는 건 금융 엘리트를 고용해서 쓰는 것과 마찬가지다. 그들이 힘들게 고생해서 뽑은 500개의 기업에 대해 의심하고 머리를 굴리는 것

한 번 배우면 평생 써먹는 ETF 투자법

■ S&P500

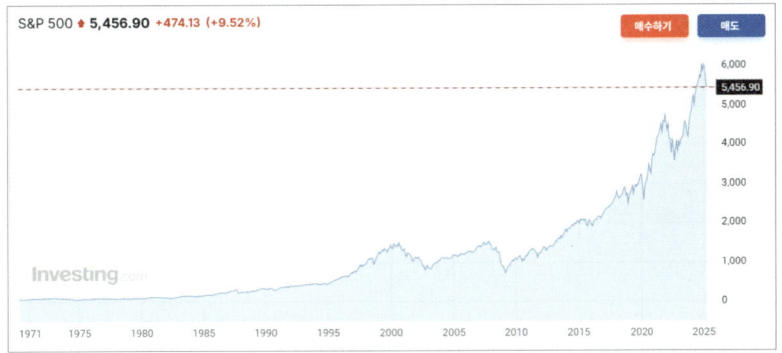

S&P 500 ♦ **5,456.90** +474.13 (+9.52%)

출처 : 인베스팅닷컴

보다 편안하게 언제 어디에서 실지 고민하는 것이 수익에 더 가까울 수 있다.

단, S&P500도 유일하게 약점을 하나 가지고 있다. 바로 '경제공황'이다. 연금 개시 전에 공황이 와서 연금액이 반토막 나는 상황은 피할 수 없다. 경제공황을 미리 예측하고 피할 수 있는 건 '신' 아니면 '사기꾼'뿐이다. 만약 이런 경우에는 어쩔 수 없이 연금 개시를 1~2년 미뤄야 할 수도 있다. 연금액이 반토막 난 상태에서 연금을 개시했는데 주가가 금방 회복한다면 10년 이상 납입한 시간과 노력이 물거품이 되는 것 같아서 허무할 수 있다.

연금상품을 가입할 때는 꼼꼼하지만, 그 이후 관리와 연금 수령방법, 시점에 대해서는 구체적으로 시나리오를 짜지 않는 경우가 많다. 연금펀드는 해당 전문가와 반드시 상담해야 한다.

나스닥100 ETF

미국 나스닥 지수는 나스닥 주식시장에 상장된 모든 기업을 반영하는 지수다.

예 TIGER 미국 나스닥100 (133690),

KODEX 미국 나스닥100TR (379810)

나스닥에 투자하는 ETF는 대부분 나스닥100 지수 ETF라고 보면 된다. 전통적인 제조업보다는 IT, 플랫폼, 인공지능, 전기차 등 미래 성장 산업에 속한 기업의 비중이 매우 높다.

나스닥 지수는 전 세계 사람들을 중독시키는 제품/서비스를 포함한다. 대표적인 종목은 다음과 같다.

- 애플**Apple** : 세계에서 가장 시가총액이 높은 기업 중 하나. 아이폰의 혁신으로 스마트폰 시장을 재편함.
- 마이크로소프트**Microsoft** : 클라우드, 소프트웨어, AI 기술을 바탕으로 꾸준히 성장하는 기술 대장주.
- 엔비디아**NVIDIA** : 반도체 분야에서 특히 GPU와 AI 연산능력에 강점. 최근 AI 수요 폭증과 함께 주가 급등.
- 아마존**Amazon** : 전자상거래와 클라우드 시장의 지배자. 나스닥을 대표하는 성장주.

한 번 배우면 평생 써먹는 ETF 투자법

- 테슬라Tesla : 전기차 산업의 개척자. 기술주이자 소비재 주식으로도 평가받음.
- 알파벳Google : 검색엔진, 유튜브, AI 등 다방면에서 영향력을 확대하고 있는 플랫폼 기업.

나스닥 지수에 투자하는 것은 미국의 기술 혁신과 미래 성장성에 동참하는 것이다. 나스닥 지수는 S&P500 지수보다는 안정성이 떨어지고 성장성이 크다. 그렇기 때문에 주가의 변동성이 크다. 분할매수 시나리오를 짤 때 조금 더 섬세히 해야 할 필요가 있다.

변동성이 크기 때문에 분할매수를 잘 활용하면 수익을 극대화할 수 있다. S&P500보다는 매수를 천천히 한다고 생각하면 평단가(평균 매입단가) 싸움에서 유리하다. 나스닥 지수 ETF는 단기, 중장기 투자에 모두 좋다.

국내뿐만 아니라 해외에 투자하고 싶다면, 이 2개의 ETF만으로도 충분하다. 미국 주식시장은 상한가, 하한가 제도가 없어서 변동성이 높다고들 한다. 그러나 나스닥100 지수에 해당하는 종목들의 시가총액은 매우 크기 때문에 오히려 한국의 지수 ETF보다 변동성이 적은 날이 더 많다. 전 세계 주식시장 시가총액에서 한국 시장은 2%의 비중을 차지한다. 하지만 미국은 50%를 차지한다.

재테크
일타
윤타의
투자력

ETF 투자할 때 꼭 알아야 할 질문 TOP 8
_ 기본 지식 편

Q1. ETF도 배당금이 있나요?

ETF도 배당금은 있으나 레버리지는 파생상품이라 배당금이 없습니다.

Q2. 지수에 알람 설정하는 방법이 있나요?

지수 차트에 지지/저항선을 그었다면 알람 설정을 하는 것이 좋습니다. 각 증권사 MTS마다 기능이 달라서 지수 알람이 되는 것도 있고 안 되는 것도 있습니다. 그렇다고 지수를 매일 확인할 필요는 없습니다. 본인이 사용하고 있는 증권사에 지수 알람 기능이 없다면 '인베스팅닷컴' 앱을 이용해 알람 설정하는 방법이 있습니다. 알람 설정하는 방법은 다음과 같습니다.

코스닥 또는 코스피 지수를 검색한 후 오른쪽 상단에 있는 종 모양을 클릭합니다. 그리고 미리 그어 놓은 지지/저항선의 가격을 설정하면 알람 설정은 끝납니다. 만약 알람이 울리지 않는다면 핸드폰 설정을 살펴봐야 합니다.

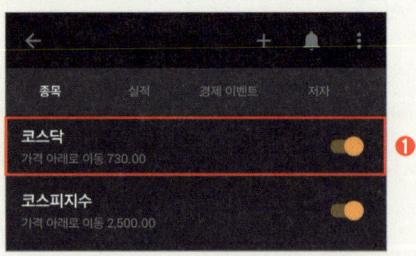

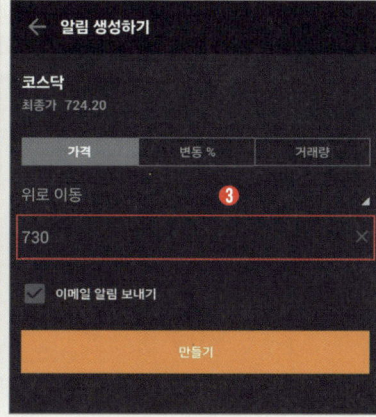

Q3. 레버리지 투자 시 예탁금이 1천만원이나 되나요? 그 1천만원을 CMA에 넣어 놓는 것도 예탁금에 포함된다는 뜻인가요?

CMA 통장에 1억 원이 있어도 예탁금은 아닙니다. 그러나 종합계좌가 CMA 형태가 되는 증권사가 있습니다. 현재 사용하고 계신 증권사 고객센터에 전화하여 종합계 좌가 어떤 형태인지 알아보시길 바랍니다.

Q4. 금융투자교육원에서 레버리지 교육을 꼭 받아야 하는 건가요?

레버리지 ETF는 2배수이기 때문에 금융감독원에서 위험하다고 판단하여 교육받 고 투자하도록 하고 있습니다. ETF를 매매할 자격이 주어지는 것이 아니고 레버리 지 ETF를 매매할 수 있다는 뜻입니다. 1배수 상품에 투자한다면 교육을 들을 필요 가 없고 예탁금도 신경쓰지 않아도 됩니다.

Q5. ETN은 무엇인가? ETF와 무엇이 다른가요?

구분		ETN (Exchange Traded Note)	ETF (Exchange Traded Fund)
공통점	상품 유형	지수 추종형 상품	
	시장 관리	거래소 상장 상품	
	수익 구조	기초자산 가격변화 추종형 선형 수익구조 (단, ETN 일부 옵션 포함상품 제외)	
차이점	법적 성격	파생결합증권	집합투자증권
	발행 주체	증권사	자산운용사
	신용 위험	있음	없음 (신탁재산으로 보관)
	기초 지수 성격	맞춤형 지수	시장 추종형 지수
	기초 지수 구성 종목수	5종목 이상	10종목 이상
	기초 지수 제한영역	시가총액 가중 방식의 시장대표지수, 섹터지수	-
	상품 구조	약정된 기초수익 제공	운용실적 등에 따라 수익 상이
	만기	1~20년	없음

ETN은 채권이라고 생각하면 이해하기 쉽습니다. (ETF는 펀드)

ETF와 ETN을 구별해서 투자할 필요가 있을까요? 없습니다. 원자재 투자할 때 자주 보게 되는데, 해당 ETN의 만기 정도는 한 번 확인하면 좋습니다. (위의 표는 금융 자격증 취득할 때나 필요하다고 생각하세요.)

Q6. 괴리율은 무엇이며 실전에서 어떻게 활용하나요?

괴리율은 ETF 가격과 기초 지수의 차이를 의미합니다. 예를 들어, 코스피 지수가 1%로 상승하고 KODEX200도 1% 상승해야 하는데 0.8%만 상승했습니다. 그러

No	종목명	현재가	등락폭	등락율	거래량	추정 NAV	괴리도	괴리율	추적오차율	표적지수	레버리지	거래대금
1	KODEX 200	39,870 ▼	245	0.61%	2,969,896	39,934.52	-64,52	-0.16	0.49	KOSPI 200	1.00	118,632,953
2	KODEX 인버스	4,005 ▲	25	0.63%	14,702,113	4,006,27	-1,27	-0.03	0.18	F-KOSPI	-1.00	58,674,926
3	KODEX 레버리지	23,870 ▼	295	1.22%	13,974,276	23,999,96	-129,96	-0.54	3.75	KOSPI 200	2.00	335,668,952
4	KODEX 코스닥 150	15,070 ▼	25	0.17%	5,006,597	15,350,50	-280,50	-1,83	0.23	KOSDAQ 150	1.00	75,496,926
5	KODEX 코스닥150 레버	16,525 ▲	15	0.09%	8,798,424	16,779,68	-254,68	-1,52	4.59	KOSDAQ 150	2.00	144,607,875
6	KODEX 코스닥150선물	4,015 ▼	10	0.25%	22,534,398	4,033,46	-18,46	-0,46	0.19	F-KOSDAQ 150	-1.00	90,993,410
7	KODEX 200선물인버스2	2,160 ▲	30	1.41%	102,229,102	2,161,51	-1,51	-0,07	0.41	F-KOSPI	-2.00	219,412,153
8	TIGER 200선물인버스2	2,245 ▲	25	1.13%	2,283,224	2,252,37	-7,37	-0,33	0.56	F-KOSPI	-2.00	5,104,598
9	TIGER 차이나전기차SO	17,730 ▼	20	0.11%	2,523,184	17,670,33	59,67	0,34	4.74	Solactive China Electr	1.00	44,626,980
10	TIGER Fn메타버스	12,775 ▼	50	0.39%	1,118,853	12,795,09	-20,09	-0.16	0.55	FnGuide 메타버스테마	1.00	14,270,010

출처 : 매일경제TV

면 괴리율이 -0.2%입니다. 코스피 지수가 1% 상승하고 KODEX200이 1.2% 상승했다면, 괴리율이 +0.2%입니다.

정리하면 괴리율이 (-)면 기초 지수보다 ETF 가격이 저평가(싸다), (+)면 기초 지수보다 ETF 가격이 고평가(비싸다)를 의미합니다. +1% 이상 났을 때는 자산운용사에서 공시합니다.

괴리율이 생기는 이유가 있는데요. LP(유동성 공급자, 자산운용사)들이 매물을 내놓을 때 호가에 최대한 맞춰서 지수에 맞는 가격들을 설정합니다. 여기서 실수할 수도 있고, 가격에서 괴리가 발생할 수 있기 때문입니다. 내가 매수하려고 하는 ETF/ETN이 (-)일 때 매수하면 싸게 사는 효과를 볼 수 있습니다.

Q7. 괴리율 1% 초과 시 해야 할 대응이 있는지 궁금합니다. 아니면 그냥 괴리율이 작은 종목을 하면 되는지요?

없습니다. 괴리율이 작은 종목을 하셔도 됩니다!

Q8. ETF 1배수가 아니고 레버리지를 하는 이유가 무엇인가요?

국내 주식은 변동성이 있는 시장이기 때문입니다. 레버리지 ETF 같은 경우 변동성이 있는 곳에서 수익을 최대한 높일 수 있습니다. 그러나 하락장 때 적립식 투자를 한다면 손실이 커집니다.

레버리지 ETF는 3~6개월 보고 들어갑니다. 1년에 몇 번 매도하지 못합니다.

ETF 투자할 때 꼭 알아야 할 질문 TOP 5
_ 실전 투자 편

Q1. 정찰병 매수를 했는데 그대로 오르면 그다음부터는 매수를 안 하나요? 매수 방법은 하락 시에만 적용되는 건가요?

네, 안 합니다. ETF는 하락 시에만 매수합니다. 매수는 지지/저항을 그으면서 합니다.

Q2. 조정장 분할매수는 어떤 지점에서 하면 효율적일까요?

이평선/하락률에 따라서 기준을 따로 제시하거나 지금 현재 매매에 활용하지는 않습니다. 지금 하는 방식은 도박사의 오류, 즉 2배수 분할매수 + 밴드점을 활용해서 분할매수를 합니다.

(큰 방향성을 가진) 하락장에서 투자할 수도 있지만 난이도가 높습니다. ETF의 경우 추세 스윙을 원칙으로 하므로 하락장일 때 매매를 하지 않습니다. 추세가 돌 때 매매를 시작하는 것이 가장 좋습니다. 하락장에서 하는 것은 손익비가 너무 안 좋습니다.

Q3. ETF 차트가 아닌 지수 차트에 지지/저항을 확인하는 이유는 '지수 ETF'를 하기 때문인가요? 레버리지 차트에서 바로 지지/저항 확인하는 것이랑 차이가 큰가요?

네, 모릅니다! 레버리지 차트와 지수 차트에서 각각 긋는 지지/저항 차이가 얼마나 크게 나는지는 안 해봤습니다. 가장 확실하게 수익이 나는 방법으로 '지수 차트'를 선택했고, 실제로 수익이 나고 있기 때문에 그것에 더 집중했습니다.

코스닥 지수로 기준을 보고 있기 때문에 정보를 얻는 측면, 정보를 얻거나 데이터를 보는 데 있어서 코스닥 지수를 봅니다.

Q4. ETF 차트가 아닌 '지수 차트'의 쌍바닥을 보고, 다른 조건들은 무시하고 지지/저항과 쌍바닥만으로 판단하면 되나요?

네. 지수 차트를 봅니다. 지지/저항과 쌍바닥만 보면 됩니다.

Q5. 쌍바닥 지지 후 저항을 뚫는 것을 확인하고 1차 매수 후에, 오를지 떨어질지 모르는데요. 1차 매수 후 분할 매수에 대한 기준과 방법이 궁금합니다.

1차 매수 후 상승한다면 끝입니다. 1차 매수 후 조금밖에 매수하지 못하고 상승하면 아쉬우니 어딘가에 매수타점이 있을 거라 생각할 수도 있지만 없습니다. ETF는 싸게 사는 게 가장 중요합니다.

조금 사서 날아간다고 아쉬워할 필요 없습니다. 매수타점은 또 옵니다. 상승 추세 속에 눌림을 보면 좋을 거 같습니다.

기준은 그냥 생기지 않는다
(feat. 수익 내는 기술을 남한테 왜 알려줘?)

본문에서 계속 강조했듯이 기준을 만들지 않은 상태에서의 매매
는 결국 운에 맡긴 투기일 뿐이다. 잊지 말자.

'기준 없는 투자는 도박이다.'

기준을 세워야 한다. 그런데 기준은 그냥 생기지 않는다. 공부를
통해서만 생긴다.

많은 초보 입문자도 '공부하고 시작해야 한다'라는 인식이 이전보
다 강해졌다. 그래서 유튜브도 보다가 책을 사고, 온라인 강의도 듣
는다.

하지만 여전히 시장에는 '공부해도 수익은 나지 않는다'는 선입견
이 퍼져 있다. 수익 나는 방법이 있다면 혼자 하면 되지 누군가에게

공유할 이유가 없다는 것이다.

반은 맞고 반은 틀리다.

오직 나만이 할 수 있는 기술은 나 혼자 쓰는 게 맞다. 그러나 주식공부에만 3천만원 이상 쓰면서 '본질'이라는 것이 있다는 것을 알게 됐다.

인간에게는 인정 욕구가 있다. 그리고 자신이 원하는 사람들과 함께 그룹을 만들고 싶은 욕망도 있다. 나 또한 그렇다.

그래서 내가 지금까지 배운 것 중에서 '수익에 필요한 것만 핵심을 알려주면 나보다 돈을 적게 쓰고 시간을 단축할 수 있겠지?'라는 생각을 하게 됐다. 그렇게 ETF 투자에 관한 내용을 모으고 구조화, 체계화한 것이 바로 이 책이다.

매년 서점에 부자, 투자와 관련된 책들이 무수히 쏟아져 나오지만 여전히 부자도 적고 투자로 수익을 많이 낸 사람도 적다.

책의 내용이 본인에게 맞지 않을 수도 있고 엉터리라고 생각할 수도 있다. 그러나 가장 큰 요인은 '체득화 과정까지 끝까지 하지 않기 때문이다.'

어차피 할 사람은 하고, 안 할 사람은 안 한다. 책을 끝까지 읽는 사람도 있고 아닌 사람도 있다. 책을 읽은 사람 중에서도 실행하는 사람이 있고, 생각으로 끝나는 사람도 있다. 실행하는 사람 중에서도 1년 이상 하는 사람이 있고, 작심삼일 하는 사람이 있다.

세상에 투자로 돈 버는 방법은 모두 나와 있다고 믿는다.

나도 아직 내가 원하던 목표까지 도달하지 못했다. 여전히 투자 시장에서 도전 중인 개인투자자에 불과하다.

그럼에도 불구하고 내가 이 책을 쓴 건 내가 책으로 받은 은혜가 너무 크기 때문이다. 당신은 나보다 돈을 적게 썼으면 좋겠고, 나보다 시간을 적게 썼으면 좋겠다. 그리고 투자로 인해서 마음 아픈 일이 없었으면 좋겠다. (나는 투자사기만 3번 당했다.)

포기는 김장김치할 때만 쓰는 단어다.

누가 뭐라고 하든 내가 목표한 것을 달성할 때까지 계속 도전하길 바란다. 방향성이 틀린다면 빨리 수정하면 된다.

이 책이 수익으로 가는 방향성을 제시하는 ETF 투자의 나침반이 되길 바라면서 마무리한다.

특별부록

투자는 쉽다, 내 삶이 어렵다
LSP (LIFE + STUDY + PROFIT)

수익 실현은 '순간'이다. 그 도파민은 오래가지 않는다.

투자자로서 대부분의 시간은 지루하고 고통받는 시간이다. 이런 지루함과 고통받는 시간을 0으로 만들 수는 없다. 하지만 최소한으로 만드는 방법이 있는데, 바로 '공부'다.

그래서 '공부하면 수익 난다'는 슬로건으로 온/오프라인에서 경제/재테크 교육을 해왔고 10년이 넘었다. 공부하면 수익이 난다는 것을 수많은 회원들의 수익인증과 후기로 증명했다.

그런데 여기에 문제가 하나 더 생겼다. 바로 '공부를 할 수 없다'는 것이다. 공부를 할 수 없는 상황에는 원인이 있다. 그 원인을 알아봤더니 수백 가지 이상이었다. 결혼, 이혼, 승진, 이직, 시험, 질병, 재해와 같은 굵직한 것부터 사소한 것까지 다양했다.

그때 깨달았다. 그래! 투자보다 삶이 우선이다.

■ 수많은 '지수 ETF' 수익인증과 후기

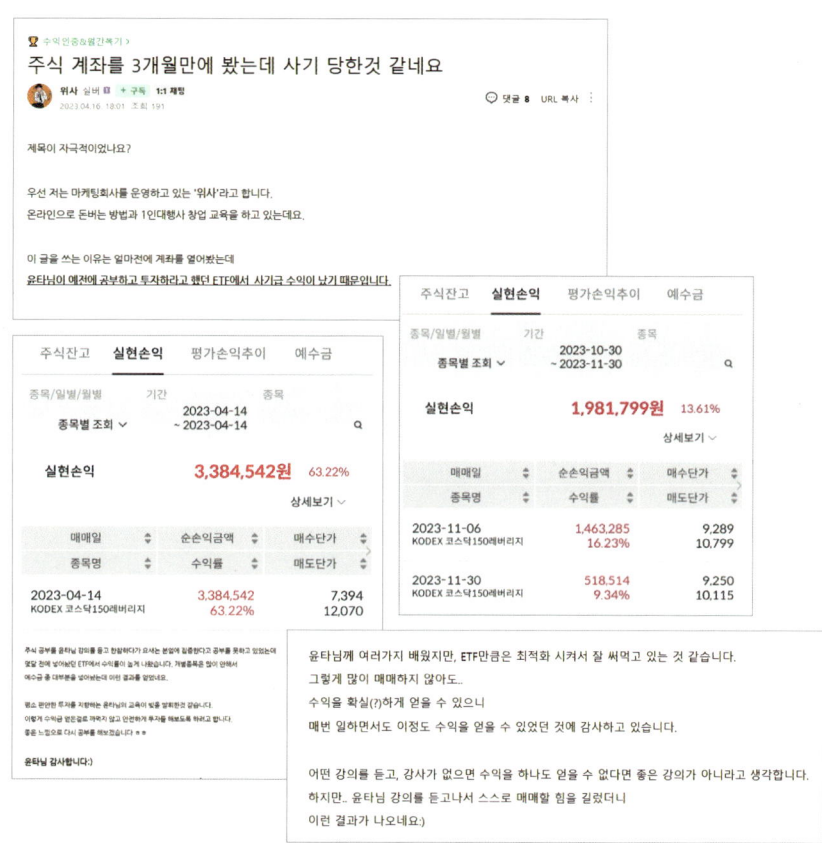

■ 2017년부터 ETF 투자를 추천했던 예시

356	왜 윤대표는 ETF를 하려고 하는가? 😊 [3]	윤영준 대표	2017.01.08.	68
3270	코댁스레버리지ETF 향후관리법 (17년 10-18년 초까지) 😊 [5]	윤영준 대표	2017.10.16.	1,216
6060	코댁스레버리지 ETF + 코스닥 150ETF + 천연가스 + 개별종목3종목 😊 🖉 [5]	윤영준 대표	2018.02.06.	175
9931	[주식] 코스닥150레버리지etf, tiger csi300레버리지etf 대응전략 [3]	윤영준 대표	2018.08.02.	176
17631	8. 코스피,코스닥 지수가 내려갈때 지수 ETF로 수익내기 (동영상강의) [14]	윤영준 대표	2019.07.12.	370

출처 : 카페 게시판

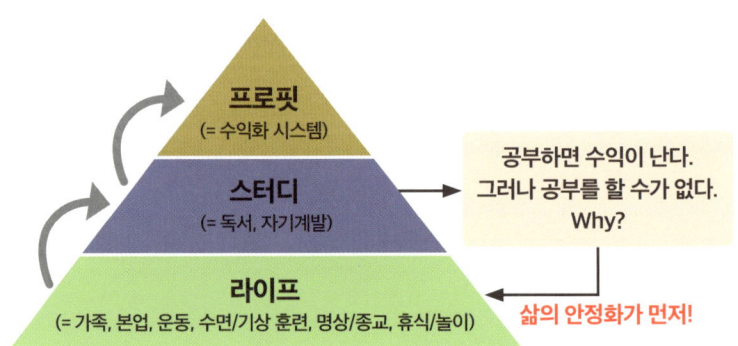

삶이 안정화되지 않으면 마음이 불안해서 책이 눈에 들어오지 않는다. 삶을 먼저 잡아야 한다. 그때부터 투자의 방향성을 설정하고 수익화 시스템을 만들기 위해 라이프와 스터디 루틴을 설정하는 방법과 노하우에 대해 무료상담(이하 나침반 상담)을 시작했다.

'나침반 상담'은 솔루션을 제공하기보다 묻고답하면서 내 안에 있는 답을 스스로가 구체화하고, 상담이 끝날 무렵 자연스럽게 본인이 결론에 도달하는 방식이다. **답은 결국 내 안에 있다.**

지금까지 나침반 상담을 하면서 쌓인 유형 중에 가장 표본에 가까운 2가지 경우 내에서 여러 사례를 소개하고자 한다.

경우 1 : 워킹맘을 통해 본 LSP 관점

L

삶의 난이도(스트레스)가 높은 편이다. 내가 만나본 워킹맘은 책임감이 강했고 부지런했다. (애초에 성장, 도전의지가 없는 사람과는 만나지도 못한다. 책을 읽고 누군가에게 배우려고 하지 않기 때문에)

워킹맘의 가장 큰 적은 '조급함'이다. 육아와 일을 동시에 하면서 새로운 소득원에 대한 욕망이 강하다 보니깐 급하게 의사결정을 하게 된다. 투자가 잘 안 되면 온라인 유통, SNS 부업도 도전하시만 '조급함'으로 무너진다.

동기부여 유튜브 영상을 매일 출퇴근길, 설거지를 하면서 듣지만 작심삼일로 끝나는 경우라면 단지 멘탈, 정신력의 문제가 아니다. 10명 중 9명은 '체력' 문제였다. 그래서 워킹맘에게는 반드시 유산소 운동을 하라고 말한다. 러닝이 안 되면 조깅, 조깅이 안 되면 걷기라도 매일 꾸준히 하라고 한다. 뇌에 리프레시 효과도 주고 체력도 증진된다. 이렇게 길러진 체력은 1~2년 뒤에 열정이 사라질 때 큰 힘을 발휘한다.

운동도 '일'이라고 생각하고 루틴화하면, 삶 전체의 시스템이 바뀐다. 라이프 시스템이 개선되면 더 나은 삶을 살 수 있다.

그렇다면 워킹맘은 체력만 기르면 투자를 잘하게 될까? 어떤 하나의 결과에는 단일 원인보다는 복합적인 요인이 작용하는 경우가 많다. 그중에서도 **가장 큰 변수는 체력**이다.

체력이 부족하다고 느껴진다면 거창한 계획을 세우지 말자. 운동화 신고 동네 한 바퀴, 아니 단 1분이라도 심호흡하며 걸어보자. 그 순간부터, 조금씩 달라진다.

S

삶이 잡히지 않으면 '공부'할 수가 없다. 초조함을 최소한으로 줄이고 평안한 상태에서 책을 읽거나 강의를 들어야 뇌에 들어온다. 단순 입력이 아니라 생각을 하면서 내 것으로 만드는 체득화 과정이 일어난다. 사람들은 자신의 공부 스타일을 모르는 경우가 많다.

VOD, 책, 라이브 강의, 온/오프라인 스터디, 그룹 코칭, 1 : 1 코칭 등 다양한 방법 중에 자신에게 맞는 스타일로 공부해야 한다. 투자는 1등만 살아남는 곳이 아니다. 10등 해도 된다. 1,000등 안에 들어도 된다.

다만 몰입이 어려운 상황과 심리 상태라면 녹록하지 않다. 그래서 대부분 공부를 하다가 중도포기를 한다.

워킹맘의 경우 '양방향 소통' 방식의 공부법이 효과를 봤다. 라이브 강의, 그룹 코칭 형태로 공부를 하는 게 책보다 초반에 비용이 들지만 장기적으로 보면 괜찮았다. 제대로 한 번에 끝내지 않으면 평생 강의비만 내면서 점점 가난해지는 슬픈 스토리가 펼쳐진다.

P

워킹맘에게는 '단타매매'를 권장하지 않는다. 그러나 육아휴직 중에 '단타매매'에 도전하는 워킹맘을 꽤 많이 만났다. 육아로 인한 소득감소가 조바심을 불러일으켰다. 차트를 볼 수 있다 하더라도 변수가 생겨 잠시 다른 곳에 정신이 팔리면 큰 손실로 이어질 수 있다. 빠르게 움직이는 투자상품(국내 주식)보다는 ETF 위주로 투자 포트폴리오를 구성했을 때 성과가 좋았다. 단타매매로 힘들어하던 사람도 ETF는 비교적 쉽게 수익을 냈다.

특히 지수 ETF는 종목분석을 할 필요도 없으니 심플하다. 그러면서도 강력하다. 어설프게 5~6개 무기를 주렁주렁 몸에 달고 다니는 것보다 내가 잘 쓰는 무기 1개면 충분하다. 과거에는 부동산 투자로 중산층이 된 사람이 많았다. 그러나 현재 그리고 가까운 미래에는 ETF 투자로 내 집 마련도 하고 중산층에 들어서는 사람이 많아질 수 있다. (그 마음으로 이 책을 냈다.)

경우 2 : 사회 초년생을 통해 본 LSP 관점

L

의욕이 앞서다 보니깐 빠르게 승부를 보다가 빠르게 시장에서 퇴장하는 걸 목격했다. 직장 취업한 지 2년 이내라면 일단 공부를 하면서 소액으로 투자하는 것을 권장한다.

재테크보다 '라이프테크'가 더 중요하기 때문이다. 라이프테크의 핵심은 '일잘러'가 되는 거다. 회사에서 인정받으면 연봉이 높아진다. 그러면 안정감이 든다. 투자에서도 여유가 흘러 넘친다. 일잘러가 되면 투자도 잘하게 된다고 믿는다. 뇌 발달에 가장 큰 도움을 주는 건 '일'이니까. 일을 잘한다는 건 뇌 발달이 되어 있다는 뜻이다. 그 뇌로 투자를 한다면 손실보다는 수익에 가깝지 않을까? 라이프테크로 몸값을 높이는 게 먼저다.

S

지금 시기가 공부하기에 가장 좋다. 결혼하고 아이를 낳으면 많은 제한이 생긴다. 10년 정도 지나면 함께 오랫동안 투자이야기를 할 친구가 한 명도 없어질 수 있다. 이때 나와 가치관이나 결이 맞는 투자 동료를 만드는 것이 좋다. 투자는 결국 고독하게 혼자 하게 되지만 공부는 혼자보다 둘이 낫다. **투자는 고독하게, 공부는 재미있고 유익하게 할 것을 권장한다.**

P

내 몸값을 높이면서 나만의 공부 시스템을 만들었다면 이제는 시간과 싸우지 않고 시간을 내 편으로 만드는 투자를 할 수 있다.

투자자로서 레벨 업을 하면서 시장의 기회를 엿보고 타이밍을 볼 수 있다. 투자시장은 영원한 상승도 하락도 없기 때문이다. 하락이 어느 정도 진행되고 나서부터 본격적으로 투자시장에 진입하는 것도 하나의 팁이다. 고점에 물린 사람들이 실망감에 좋은 주식을 내놓고 떠나는 타이밍에 싼 가격에 천천히 들어가는 거니깐.

내가 가장 좋아하는 투자방식은 야수의 심장을 가진 트레이더보다 쫄보 투자자로 오랫동안 투자시장에서 돈을 버는 것이다. 그러다가 운이 맞으면 내가 노력했던 것보다 큰돈을 벌기도 한다.

돈과 관련된 일을 10년 이상 하면서 많은 사람을 만났다. 세상에 이렇게 다양한 직업이 있고 돈에 대한 경험이 이렇게 다를 수 있다니 놀랍다. 돈을 매개체로 두고 나누는 대화에서 많은 것을 배웠다. 공부하면 할수록 점점 더 강제 겸손(?)이 되는 이유다.

이런 2가지 경우 외에도 은퇴를 앞둔 직장인, 싱글맘(싱글대디), 자영업자 등 다양한 상황이 있다. 해당 유형이 아니더라도 LSP 관점에서 스스로 한번 점검해보면 좋다.

돈에 대한 첫 경험으로 인한 감정은 시간이 지나도 쉽게 변하지 않는다. 그래서 돈, 투자에 대한 첫 시작을 어떻게 했는지가 매우 중요하다. 시작이 절반이다. 투자자로서 방향성을 잡는 데 도움이 됐으면 좋겠다.

포 (Four) 나리오
윤타의 투자 시나리오 매뉴얼

자본시장에서 약자인 개인투자자는 '예측'보다 '대응'을 통해 살아남아야 한다. 정보도 늦고, 자금도 부족한 개인에게는 정확한 예측보다 빠른 판단과 유연한 대처가 더 현실적인 무기다.

그렇다고 '예측'을 아예 하지 말라는 뜻은 아니다.

중요한 건 '예측'을 단정하지 않는 태도다.

시장을 정확히 맞힐 수 없지만, 그 예측을 하나의 '가설'로 삼고, 그 가설에 따른 시나리오들을 준비해두는 것은 가능하다.

나는 투자할 때마다 네 가지의 투자 시나리오를 세운다. 그리고 그 시나리오를 바탕으로 전략을 짠다. 이 전략을 '포FOUR나리오'라고 부른다.

포나리오는 말 그대로 최선, 차선, 차악, 최악
이 4가지 경우의 수를 의미한다.

각 시나리오에 맞는 대응만 미리 준비해 둔다면 빠르게 움직이는 시장에서도 한층 유연하게 대응할 수 있다.

물론 주가가 하락하거나 원하는 방향으로 움직이지 않으면 누구나 당황한다. 하지만 미리 준비한 경우와 그렇지 않은 경우 사이에는 꽤 큰 차이가 있다.

1. 최선 – 기대는 하지 않지만 와주면 땡큐!

누구나 바라는 시나리오다.

뉴스가 터지고, 수급이 몰리고, 상한가가 찍히는 상황.

내가 들어간 자리에 갑자기 호재가 붙고, 시장의 스포트라이트가 쏟아지는 순간이다.

하지만 이건 거의 **로또 수준의 확률**이다. 지나고 나면 "그때 왜 못 샀지?"라는 말이 나올 뿐이고, 사전에 예측해서 완벽히 대응하는 건 거의 불가능하다.

그래서 나는 **최선의 시나리오는 전략에서 배제**한다.

최선의 시나리오는 '운'의 마일리지가 쌓이면 가끔씩 찾아오는 정도로 생각한다. 누군가에게 도움을 주고 나누면 '운'의 마일리지는 쌓인다.

2. 그다음, 최악을 제거한다

'최악의 시나리오'가 나올 수 있는 변수는 제거한다.

투자한 종목이 거래정지되거나, 상장폐지가 되는 변수는 조금만 시간을 내면 제거할 수 있다. 이건 어떤 기술적 분석이나 전략으로도 복구가 안 되는 치명타다. 투자금을 날리는 것에서 그치지 않고 계좌가 망가질 수 있고, 심하면 투자시장에서 퇴출될 수 있다.

최선을 기대하지 말고, 최악은 반드시 제거하라.

3. 포나리오의 핵심은 차선 & 차악 시나리오에 있다

- 차선 : 반복해서 경험해야 할 수익 시나리오
- 차악 : 실수와 흔들림이 시작되는 구간

핵심은 '손익비'이다.

손실보다 수익이 더 큰 시나리오를 설정하는 것!

차선 시나리오에서는 분할매수/익절 구간을 설정한다. 증권사의 자동주문 기능을 적극적으로 활용하면 내가 본업에 집중했을 때 돈이 시나리오에 맞춰서 일을 하게 된다.

시장은 항상 내 생각대로 움직이지 않는다. 내가 진입한 후 갑자기 거래량이 빠지거나 예상하지 못한 악재가 나올 수도 있다.

이때 나타나는 구간이 바로 차악 시나리오다.

차악 시나리오에서는 손절 구간(또는 물타기)을 설정한다.

경험이 부족하면 심리가 무너지고 당황하게 된다. 그래서 차악 시나리오를 반드시 짜야 된다. 차악은 다시 차선으로 틀릴 수 있다.

시나리오	기대 수준	예시 상황	나의 준비상태 체크
최선 (Best)	기대하지 않음. 오면 보너스	상한가, 외국인 대량 매수, 시장 대호재	☐ 기대하지 않음
차선 (Better)	주요 수익구간. 반복 목표	예상대로 기술적 지지선 반등, 수익률 5~10%	☐ 알람/자동매도 세팅 완료
차악 (Bad)	예상과 다른 흐름. 손절 또는 대응 필요	지지선 이탈, 거래량 감소, 뉴스 부정적	☐ 손절 기준 설정 여부
최악 (Worst)	사전 제거 대상. 진입 금지	유상증자, 감자, 거래정지, 상장폐지	☐ 해당 리스크 보유 종목 확인 완료

포나리오의 본질은 결국 제거와 배제를 거쳐,

실현 가능한 확률에 전략을 집중하는 것이다.

마무리하며

시장에선 늘 예기치 못한 일이 터진다.

그럴 때 어떤 사람은 "설마 그럴 리가…"라며 당황하고,

어떤 사람은 조용히 대응한다.

포나리오는 나의 투자 기준이자, 위기관리 매뉴얼이다.

처음엔 어렵지만 반복하다 보면 5분 안에 시나리오를 짜게 된다.

(최악을 피하는 습관이 몸에 배이고, 최선은 아예 기대하지 않게 되면서)

노스트라다무스 같은 예언가보다는

시시각각 변하는 투자시장에서 빠르게 대응하는 투자자가 되는 데 포나리오가 큰 힘이 될 거라고 생각한다.

ETF 투자자가 알아야 할
주식 용어

* 저자의 경험과 가치관을 바탕으로 빈도와 중요도를 고려해 등급을 매겼음.

중요도 ★★★

- **주식** : 주식 회사의 자본을 이루는 단위. 주식을 산다는 것은 해당 회사의 일부를 소유하는 것.
- **매매** : 주식을 사고파는 것.
- **매수** : 주식을 사는 것. 'ㅅ'을 기억하자. '수'는 '사'는 것.
- **매도** : 주식을 파는 것. 팔고 도망친다고 기억!
- **시가** : 주식시장이 열릴 때 형성된 가격.
- **종가** : 장 마감 시 주식의 가격.
- **정규장 마감** : 오전 9시에 시작한 주식시장이 오후 3시 30분에

종료되는 시점.

- **캔들** : 차트 안에 형성되어 있는 네모난 모양들을 일컬음.

- **몸통** : 캔들에서 시가와 종가 사이 두꺼운 부분.

- **꼬리** : 캔들에서 얇은 부분. 양봉의 경우 종가보다 고가가 높을 때, 시가보다 저가가 낮을 때 생김.

- **양봉** : 주가가 상승해 시가보다 종가가 높은 경우, 보통 빨간색 캔들.

- **음봉** : 주가가 하락해 시가보다 종가가 낮은 경우. 보통 파란색 캔들.

- **장대양봉** : 상승이 커서 길이가 긴 양봉.

- **장대음봉** : 하락이 커서 길이가 긴 음봉.

- **상한가** : 주가의 하루 최대 상승폭 30% 상승 가격.

- **하한가** : 주가의 하루 최대 하락폭 30% 하락 가격.

- **호가** : 주식을 매매하기 위해 가격과 수량 단위를 제시한 것.

- **거래량** : 매매거래가 성립된 수량.

- **이동평균선** : 흔히 이평선이라고 함. 주가의 이동평균을 차례로 연결해 만든 선. (5일선 = 최근 5일 주가의 평균을 나타낸 선)

- **익절** : 수익매도.

- **손절** : 손실매도. 주가 하락이 예상될 때 더 큰 손실을 막기 위해 주식 판매.

- **평균매입단가** : 매수한 종목의 평균 가격. 줄임말로 평단가라고

더 자주 사용함.

- **추매** : 종목을 추가 매수함.
- **코스피** : 기업 규모가 큰 대기업이나 준대기업이 있는 증권시장.
- **코스닥** : 기업 규모가 작거나 벤처기업이 많이 있는 증권시장.
- **재료** : 주가의 상승 원인. (=모멘텀)
- **호재** : 주가가 올라갈 좋은 소식.
- **악재** : 주가가 내려갈 나쁜 소식.
- **수급** : 주식투자의 주체. (**예** 외국인이 매수 많이 함 → 외국인의 수급
  이 좋음)
- **VI** : 개별종목에 적용되는 변동성 완화 장치. 일정 수준의 가격
  변동 시 2분간 단일가 매매로 운영되는 장치.
- **HTS**Home Trading System : PC로 주식 거래를 할 수 있는 프로그램.
- **MTS**Mobile Trading System : 모바일로 주식 거래를 할 수 있는 프로
  그램.
- **포모**FOMO : 포모는 'Fear Of Missing out'의 줄임말이다. 직역하
  면 '놓칠지도 모르는 두려움'을 의미한다. 한창 주가가 상승하
  는 주식 또는 투자대상을 본인 빼고 모두 투자하는 상황에서 찾
  아오는 현상이다. 나만 모르고 뒤쳐지고 있는 소외감이 들면 찾
  아온다. 특히 국내 개인투자자는 포모 현상을 자주 강하게 겪
  는 것 같다. 남의 시선, 평가에 신경을 쓰고 유행에 민감한 것
  이 투자에도 영향을 미칠 수 있다. SNS가 발달함에 따라 포모

현상은 더 많이 나타날 것이다. 이런 때일수록 슬로우 씽킹Slow Thinking(의도적으로 천천히 생각하기)해야 한다.

중요도 ★★

- **시초가 매수** : 장이 시작하는 9 : 00 가격으로 매수함.
- **종베 (종가 베팅)** : 다음 날 오전 중에 상승할 것으로 예측되는 주식을 오늘 장 마감에 임박해서 매수해 다음 날 매도로 시세차익을 노리는 것.
- **정배열** : 단기 이동평균선부터 장기 이동평균선으로 위에서 아래로 나열된 것. 주가가 꾸준히 상승 시 발생. (예 위에서부터 5 → 20 → 60 → 120 순서)
- **역배열** : 단기 이동평균선부터 장기 이동평균선으로 아래에서 위로 나열된 것. 주가가 꾸준히 하락 시 발생. (예 위에서부터 120 → 60 → 20 → 5 순서)
- **전고점** : 앞선 가격의 고점(가장 높은 지점). 저항으로 작용하는 경우가 많음.
- **전저점** : 앞선 가격의 저점(가장 낮은 지점).
- **강세장** : 대부분의 종목이 오르는 장세.
- **약세장** : 대부분의 종목이 내려가는 장세.
- **데이 트레이딩** : 당일 매수한 종목을 당일 매도하는 매매. (= 단타매매)

한 번 배우면 평생 써먹는 ETF 투자법

- **스윙투자** : 파도처럼 위아래로 움직이는 주식의 변동성을 활용해서 수익을 내는 투자 방법. 평균 10거래일 이내 수익 목표를 잡고 매매함.
- **골든크로스 / 데드크로스** : 단기간의 이평선이 장기간의 이평선을 앞질렀을 때 골든크로스, 반대의 경우 데드크로스. (예 5일선이 60일선 위로 갔을 때가 골든크로스)
- **배당** : 발생한 이익 일부를 주식을 소유한 주주에게 분배해주는 것. 보통 1년에 한 번.
- **배딩릭** : 배당으로 인해 발생하는 주가의 하락. 결산 시점 뒤 다음 날 주가가 하락하는 것.
- **스탑 로스** : 투자 손실을 제한하는 자동화된 거래주문. 특정 가격이나 비율에 도달할 경우 발생하게 함.
- **시장가 주문** : 종목, 수량은 지정하되 가격은 지정하지 않고 주문을 내면 주문이 접수된 시점에서 체결 가능한 가장 유리한 가격으로 매매가 성립되는 주문.

중요도 ★

- **동시호가** : 파는 사람과 사는 사람이 동시에 부르는 가격. 오후 3시 20분 ~ 3시 30분까지는 장 마감 동시호가.
- **증자** : 회사가 자본금을 늘리기 위해 주식 수량을 늘리는 것.
- **감자** : 주로 회사가 너무 힘들 때 주식의 가격이나 수를 줄여 그

금액으로 갚아야 할 돈을 갚거나, 급한 돈을 메울 때 사용함. 일반적으로 죽어가는 회사에 인공호흡기를 붙인다고 생각하면 됨.

- **증거금** : 주식을 외상으로 살 때 일단 주식 매입대금의 일부를 증거금으로 맡기는 돈.

- **수도결제일** : 주식을 거래한 다음 날.

- **미수금** : 투자자들이 외상으로 주식을 매입한 다음 날, 즉 수도결제일에 결제자금을 계좌에 입금하지 않아 발생한 외상 주식 매입 대금. A종목 주식을 100만원어치 사고 싶은데 40만원밖에 없다면 60만원은 외상으로 살 수 있음. 단, 주식을 산 다음 날 60만원을 갚아야 함(60만원 = 미수금).

- **반대매매** : 미수금이 발생했을 때 미수금의 회수를 위해 주식을 강제로 파는 것.

- **공매도** : '없는 것을 판다'라는 뜻. 주식이나 채권을 가지고 있지 않은 상태에서 빌려서 주문을 내는 것.

- **서킷 브레이커** : 지수가 과하게 급등락할 때 충격을 완화하기 위해 주식매매를 일시 정지하는 제도.

- **자사주** : 자신 회사의 주식을 취득하는 것.

- **우선주** : 배당을 우선으로 받을 수 있는 주식. 우선주에는 의결권이 없지만, 보통주보다 저렴함.

- **신용거래** : 돈이 없어도 증권사를 통해 빌리는 방식.

한 번 배우면 평생 써먹는 ETF 투자법

재무제표

- **시가총액 (시총)** : 기업이 보유한 주식 규모의 총합. 주가 × 발행 주식 수.
- **PER**Price Earning Ratio : 주가수익비율. 주가를 주당순이익으로 나눈 수치.
- **PBR**Price Book-value Ratio : 주가순자산비율. 주가를 주당순자산가치로 나눈 수치.
- **EPS**Earnings Per Share : 주당순이익. 기업이 벌어들인 순이익을 발행한 총 주식 수로 나눈 것.
- **ROE**Return On Equity : 자기자본이익률. 기업이 자기자본을 활용해 1년간 얼마를 벌어들였는가를 나타내는 수익성 지표.
- **부채비율** : 기업의 자산 중 부채가 얼마나 차지하는지를 나타내는 비율. (타인자본 / 자기자본 × 100)
- **대주주** : 해당 기업의 주식을 가장 많이 보유한 개인 혹은 집단.

주식 은어

- **개미** : 자금력이 크지 않은 일반 개인투자자. 기준 없이 남을 따라가는 투자를 하는 사람을 일컫기도 함. (개미떼가 불길로 줄지어 들어감).
- **슈퍼개미** : 큰 자금을 투자하는 개인투자자.
- **세력, 주포** : 주가에 가장 큰 영향력을 가진 개인 또는 집단을 의

미함. 자본가일 확률이 높음.

- **작전** : 세력이 주가를 올리기 위한 활동. 주가 조작은 불법이지만 흔히 작전은 있다고 함.

- **세력주** : 주가를 관리하는 어떤 세력이 존재하는 종목. 작전주보다는 덜 부정적임.

- **프로그램** : 컴퓨터 프로그램이 자동으로 주식을 매매하는 것.

- **무겁다** : 시가총액이 커서 잘 움직이지 않는 종목.

- **물렸다** : 투자한 종목이 오르지 않고, 하락하여 손실인 경우 물렸다고 함.

- **존버** : 존- 버티기 약자. 다시 상승할 때까지 버틴다는 뜻.

- **불타기** : 수익 중인 종목에 추가 상승을 노려 추가로 매수하는 것을 말함.

- **물타기** : 손실 중인 종목에 반등을 노려 추가로 매수하는 것을 말함.

- **깡통계좌** : 투자에 실패하여 자금이 거의 없는 계좌.

- **한강정모** : 투자에 실패한 사람들이 한강에 모여 정모를 하고 뛰어든다고 비꼬는 말.

- **설거지** : 세력이 대량의 물량을 팔아 하락을 만들어 개인투자자에게 손실을 넘기는 것을 말함.

- **동전주** : 가격이 1천원이 되지 않은 회사들을 의미. 보통 회사의 안정성이 낮은 경우가 많음.

한 번 배우면 평생 써먹는 ETF 투자법

- **테마주** : 비슷한 분류로 묶여 동일한 사건에 의해 같은 방향으로 주가가 움직이는 종목.

- **잡주** : 기업가치가 낮은 회사의 주식.

- **대장주** : ① 테마주 중 상승률과 거래량/거래대금 상위 주식, ② 증시를 이끄는 종목.

- **우량주** : 타 기업과 비교해 수익성, 안정성, 성장성 등이 좋은 기업.

- **살아 있는 종목이다** : 상승 추세를 타고 있어 추가적인 주가상승이 기대되는 종목.

- **죽어 가는 종목이다** : 하락 추세를 타고 있어 추가적인 주가하락이 우려되는 종목.

- **추격매수** : 매수하려는 종목이 상승 또는 급등했을 때 따라가서 매수하는 것을 의미함.

- **상따** : 상한가 따라잡기. 상한가에 가기 직전 종목을 매수하는 것. (반의어는 하따)

- **갭상** : 전일종가보다 크게 상승하여 중간 가격이 비는 경우. (반의어는 갭하락)

- **쩜상** : 매수세가 강력해서 시초, 고가, 저가, 종가가 모두 상한가인 경우 일봉 차트상 점으로 표기되어 이렇게 쩜상이라고 표현함. (반의어는 쩜하)

- **떡상** : 수치가 급격하게 오르는 것을 의미. 즉 주가가 엄청나게 폭등할 때 쓰는 용어. (반의어는 떡락)

- **숨 고르기** : 며칠간 꾸준히 상승하던 주식의 상승폭이 잠시 주춤하는 구간.
- **비중배팅** : 특정 종목이나 주식 등에 비중을 두고 돈을 몰아넣는다는 것을 의미.

한 번 배우면 평생 써먹는 ETF 투자법

ETF 투자자를 위한
HTS/MTS 세팅 가이드

주식 투자든 ETF 투자든, 자신만의 투자 환경을 세팅하는 일은 필수다.

어떤 화면을 먼저 보게 할 것인지, 어떤 지표를 띄워 놓을지,

그날그날 시장을 어떤 시선으로 바라볼 것인지는 결국 '환경'이 결정한다.

이건 단순히 화면 구성이 아니라, 나만의 시야를 설계하는 과정이다.

따라서 처음에 조금 귀찮더라도, 화면을 세팅하는 데 시간을 쓰는 건 아까운 게 아니라 필수 작업이다.

모든 증권사의 HTS나 MTS는 똑같지 않다.

누군가는 키움증권이 편할 수 있고, 누군가는 NH투자증권이나 삼성증권, 미래에셋증권을 쓴다. 중요한 건 내 전략에 맞는 화면을

직접 구성하고 익숙해지는 것이다.

혹시 세팅이 완벽히 안 맞을 수도 있다. PC**HTS**에서는 되는데 모바일**MTS**에서는 안 되거나, 거꾸로 모바일에서는 잘 보이는데 HTS에선 복잡할 수도 있다.

본인과 안 맞는 구성은 과감히 포기하자. 모든 기능을 똑같이 맞추는 것이 수익으로 이어지는 것이 아니다. 중요한 건 내가 시장을 해석하고, 그에 따라 움직일 수 있는 기본 틀을 갖췄느냐다.

틀이 정리되면, 결국 '판단 → 행동' 구조가 빨라진다.

HTS 세팅

본 내용은 삼성증권 HTS 환경을 기준으로 구성되었다.

1. 즐겨찾기

자주 사용하는 메뉴는 즐겨찾기에 추가해 빠르게 사용할 수 있다.

설정/도구	종합화면	주식	차트/종목검색	주식주문/체결	투자정보	시장정보

⋮ 화면명 입력 ∨ Q ☆ 관심 | 종합차트 | 주식잔고 | 기업정보(WISEfn) | 뉴스

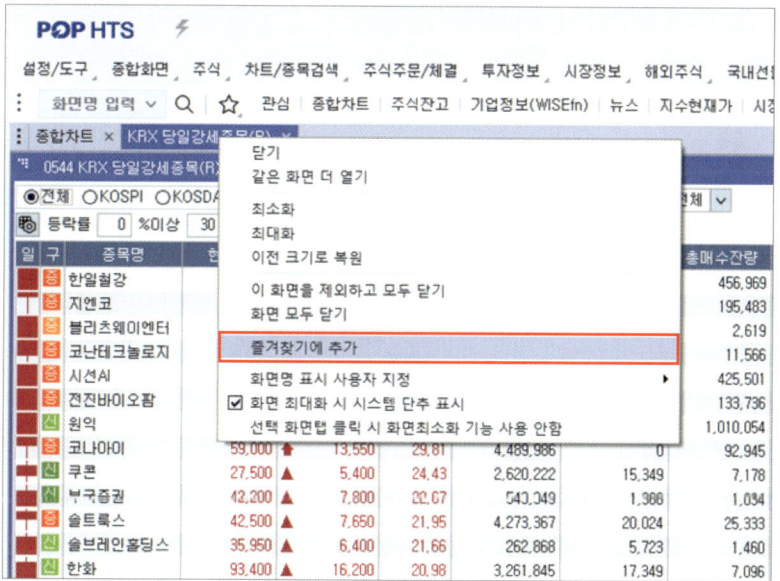

화면명에서 마우스 오른쪽 버튼을 클릭하면 메뉴가 나타난다.

여기서 '즐겨찾기에 추가'를 선택하면 해당 화면을 즐겨찾기에 등록할 수 있다.

2. 화면 구성

각 번호에 원하는 화면 구성을 설정할 수 있다.

예 1번에는 국내주식에서 자주 사용하는 화면(메뉴)을, 2번에는 해외주식에서 자주 사용하는 화면을 설정할 수 있다.

3. HTS 공부용 화면 구성하기

🔴 종합차트(1401)

종합차트는 종목의 가격 차트와 거래량 차트로 구성된다.

주식 종목을 볼 때 반드시 설정해 두어야 할 기본 화면이다.

🔴 기업정보(0122)

재무, 유통물량 등 기업 관련 정보를 확인할 수 있는 화면이다.

특히 재무 상태에 대한 핵심 정보를 제공한다.

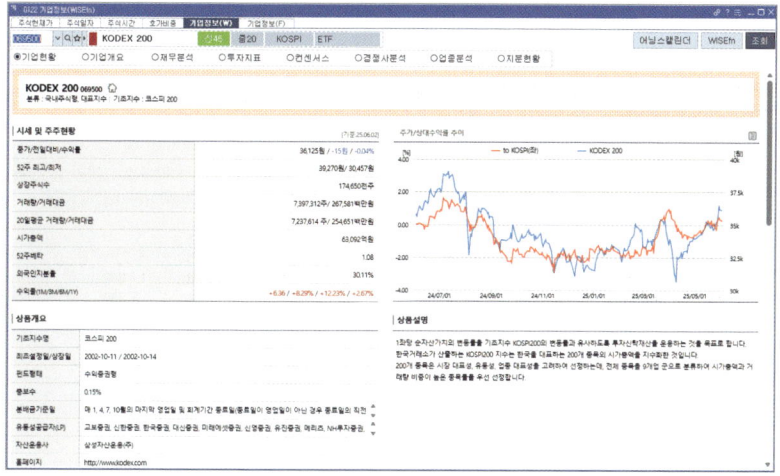

❸ 시세분석(0541)

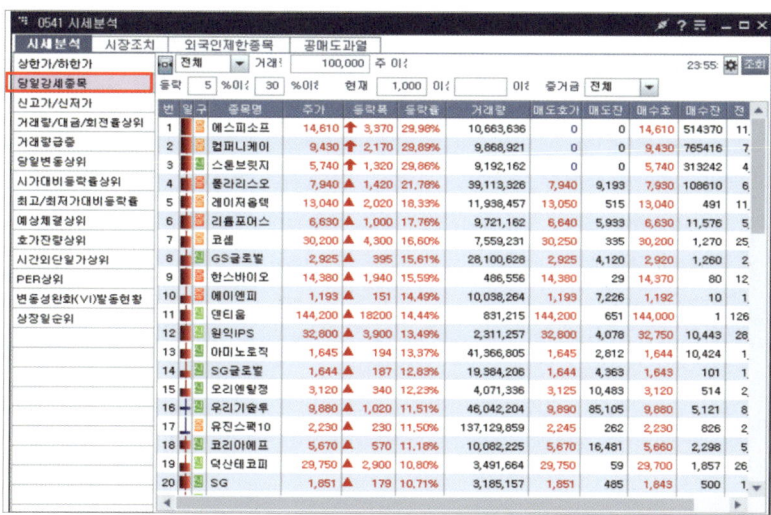

시세분석 화면을 통해 당일 강세 종목을 확인할 수 있다.

❹ 관심종목(0517)

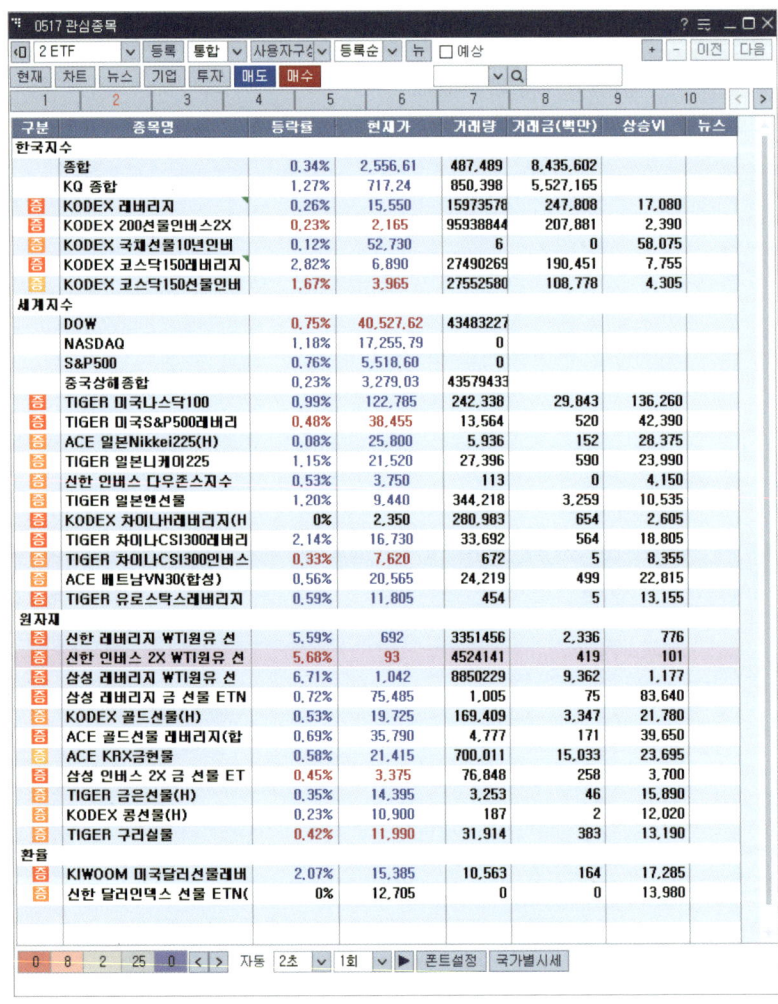

구분	종목명	등락률	현재가	거래량	거래금(백만)	상승VI	뉴스
한국지수							
	종합	0.34%	2,556.61	487,489	8,435,602		
	KQ 종합	1.27%	717.24	850,398	5,527,165		
증	KODEX 레버리지	0.26%	15,550	15973578	247,808	17,080	
증	KODEX 200선물인버스2X	0.23%	2,165	95938844	207,881	2,390	
증	KODEX 국채선물10년인버	0.12%	52,730	6	0	58,075	
증	KODEX 코스닥150레버리지	2.82%	6,890	27490269	190,451	7,755	
증	KODEX 코스닥150선물인버	1.67%	3,965	27552580	108,778	4,305	
세계지수							
	DOW	0.75%	40,527.62	43483227			
	NASDAQ	1.18%	17,255.79	0			
	S&P500	0.76%	5,518.60	0			
	중국상해종합	0.23%	3,279.03	43579433			
증	TIGER 미국나스닥100	0.99%	122,785	242,338	29,843	136,260	
증	TIGER 미국S&P500레버리	0.48%	38,455	13,564	520	42,390	
증	ACE 일본Nikkei225(H)	0.08%	25,800	5,936	152	28,375	
증	TIGER 일본니케이225	1.15%	21,520	27,396	590	23,990	
증	신한 인버스 다우존스지수	0.53%	3,750	113	0	4,150	
증	TIGER 일본엔선물	1.20%	9,440	344,218	3,259	10,535	
증	KODEX 차이나H레버리지(H	0%	2,350	280,983	654	2,605	
증	TIGER 차이나CSI300레버리	2.14%	16,730	33,692	564	18,805	
증	TIGER 차이나CSI300인버스	0.33%	7,620	672	5	8,355	
증	ACE 베트남VN30(합성)	0.56%	20,565	24,219	499	22,815	
증	TIGER 유로스탁스레버리지	0.59%	11,805	454	5	13,155	
원자재							
증	신한 레버리지 WTI원유 선	5.59%	692	3351456	2,336	776	
증	신한 인버스 2X WTI원유 선	5.68%	93	4524141	419	101	
증	삼성 레버리지 WTI원유 선	6.71%	1,042	8850229	9,362	1,177	
증	삼성 레버리지 금 선물 ETN	0.72%	75,485	1,005	75	83,640	
증	KODEX 골드선물(H)	0.53%	19,725	169,409	3,347	21,780	
증	ACE 골드선물 레버리지(합	0.69%	35,790	4,777	171	39,650	
증	ACE KRX금현물	0.58%	21,415	700,011	15,033	23,695	
증	삼성 인버스 2X 금 선물 ET	0.45%	3,375	76,848	258	3,700	
증	TIGER 금은선물(H)	0.35%	14,395	3,253	46	15,890	
증	KODEX 콩선물(H)	0.23%	10,900	187	2	12,020	
증	TIGER 구리실물	0.42%	11,990	31,914	383	13,190	
환율							
증	KIWOOM 미국달러선물레버	2.07%	15,385	10,563	164	17,285	
증	신한 달러인덱스 선물 ETN(	0%	12,705	0	0	13,980	

테마, 거래량, 단타, 스윙 등 기준에 따라 자신만의 관심종목을 구성할 수 있다.

⑤ 뉴스(0101)

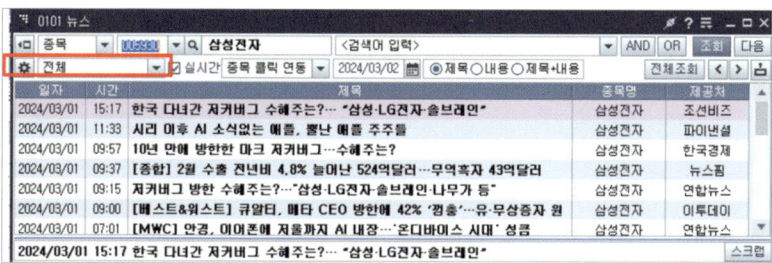

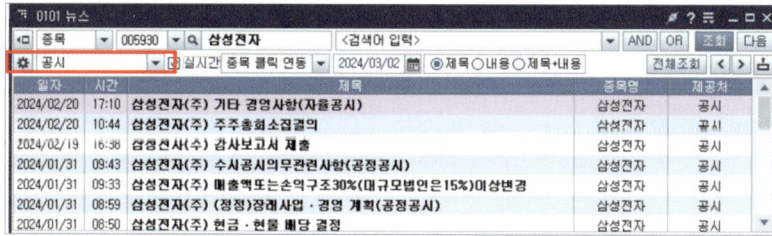

종목과 관련된 뉴스 및 공시 내용을 확인할 수 있다.

4. 서버 저장

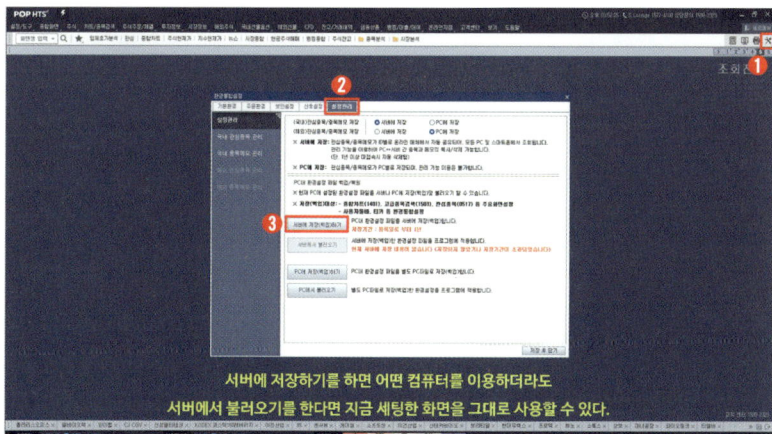

서버에 저장하기를 하면 어떤 컴퓨터를 이용하더라도
서버에서 불러오기를 한다면 지금 세팅한 화면을 그대로 사용할 수 있다.

① 도구 아이콘에서 '환경통합 설정'을 클릭한다.

② '설정관리' 탭으로 들어간다.

③ '서버에 저장(백업)하기'를 사용하면, 어떤 컴퓨터에서든 '서버에서 불러오기' 기능을 통해 현재 설정한 화면을 그대로 불러올 수 있다.

5. HTS 추가 세팅

1. 거래량

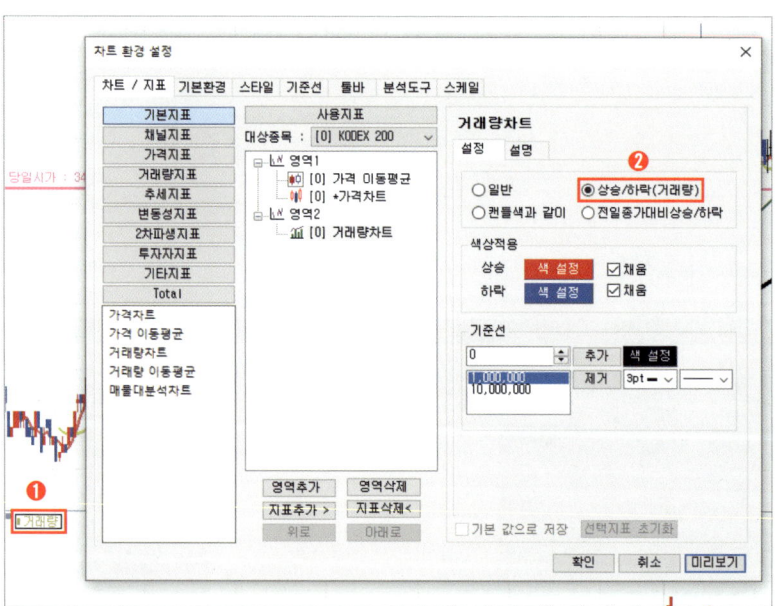

한 번 배우면 평생 써먹는 ETF 투자법

1 '거래량'을 더블클릭한다.

2 차트 환경 설정에서 거래량 차트를 '상승/하락(거래량)'으로 설정한다. 이렇게 설정을 하면 거래량의 증감을 한눈에 볼 수 있다.

2. 차트 저장

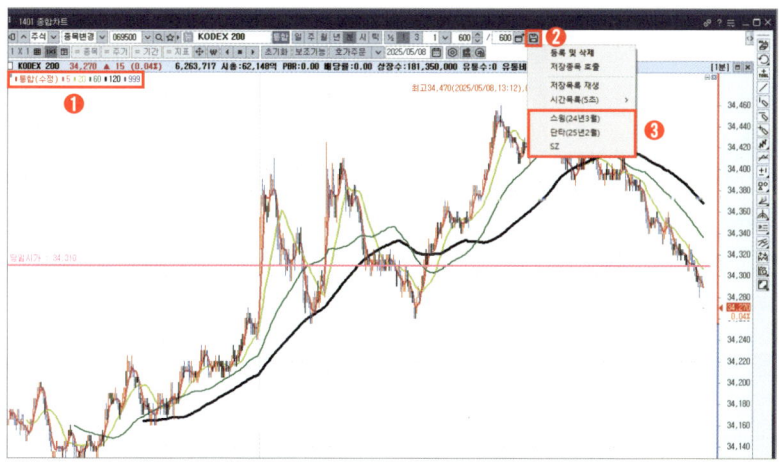

1 본인의 투자 스타일(例 단타, 스윙)에 맞게 이동평균선, 보조지표 등을 설정한다.

2 우측 상단의 아이콘(차트 저장)을 클릭한 후, '등록 및 삭제' → '차트 저장명' → '저장명 등록' → '닫기'를 선택하여 저장한다.

3 이후 저장된 차트를 불러와 단타용, 스윙용 등 상황에 따라 다양하게 활용할 수 있다.

■ 등록된 차트 설정을 수정하고 다시 저장하는 방법

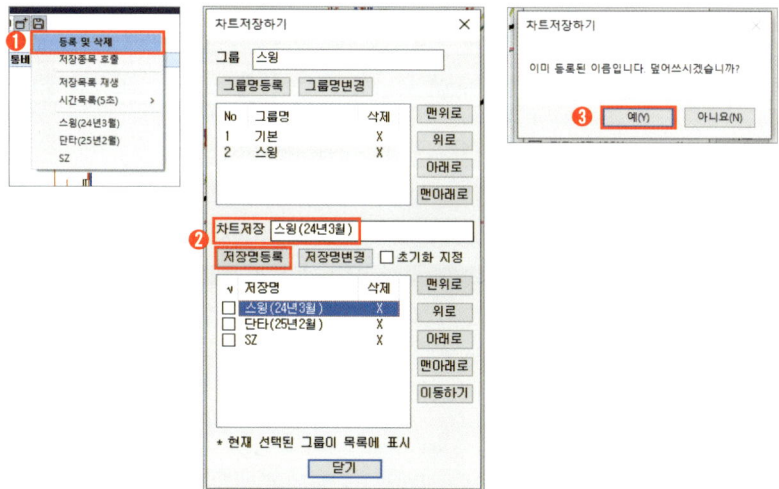

이미 저장된 차트의 설정(**예** 보조지표, 이평선 등)을 변경한 경우, 다음 절차에 따라 기존 저장 항목을 덮어쓸 수 있다.

① 차트 영역에서 마우스 오른쪽 버튼을 클릭한 후, '등록 및 삭제'를 선택한다.

② 목록에서 수정할 차트 저장명을 선택하고, '저장명 등록'을 클릭한다.

③ 덮어쓰기 확인 창이 뜨면 '예(Y)'를 눌러 변경 내용을 저장한다.

3. 차트 분할 화면 설정하기

좌측 상단의 네모 모양 아이콘을 클릭하면, 원하는 형태로 화면을 분할하여 차트를 설정할 수 있다.

예를 들어, 2×1 또는 2×2와 같이 여러 종목을 동시에 비교하거나, 하나의 종목을 다양한 시계열로 나누어 볼 때 유용하다.

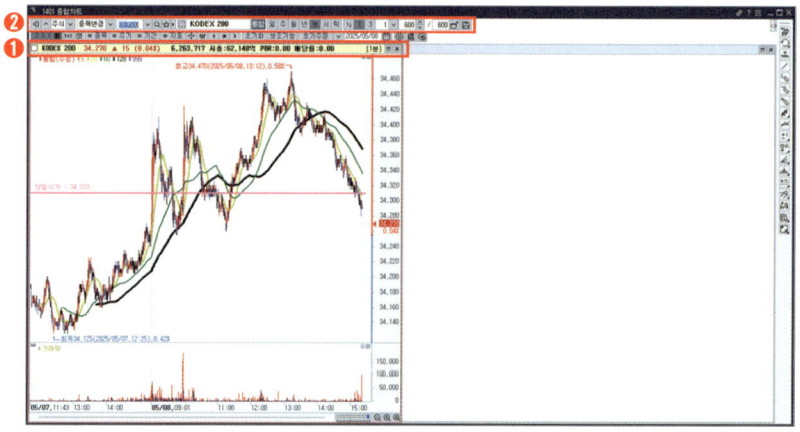

❶ 차트 분할 후 시세바(혹은 차트 바탕)를 클릭하면 노란색으로 활성화된다. 활성화된 상태에서 종목, 일봉/분봉 등의 주기 설정을 변경할 수 있다.

❷ 그림에 표시된 네모박스의 툴 메뉴를 활용하여 변경하면 된다.

※ 현재 보이는 화면에서 왼쪽 KODEX 200 차트처럼 시세바가 노란색으로 활성화된 상태라면 동일하게 종목 및 주기 설정(일봉/분봉 등)을 변경할 수 있다.

POINT ─────────────────────────────────

화면분할 장점

① 하나의 종목에 대해 일봉과 분봉을 동시에 확인할 수 있다.
② 다른 종목을 동시에 볼 수 있다.

4. 평균매입단가(=평단가) 표시

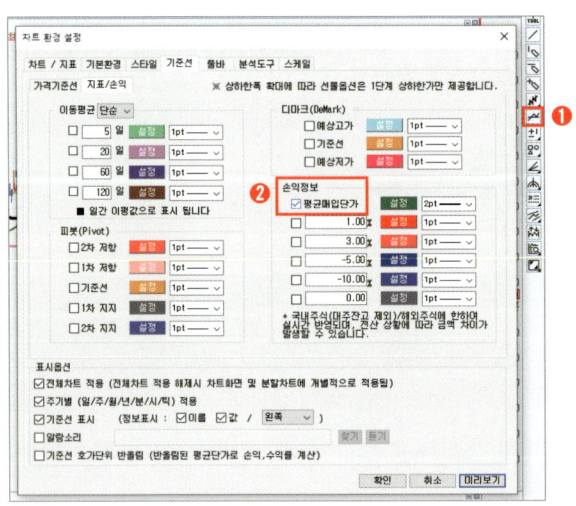

한 번 배우면 평생 써먹는 ETF 투자법

❶ 차트 우측 도구모음에서 8번째 아이콘(기준선)을 클릭한다.

❷ '기준선 설정창'에서 '평균매입단가' 항목을 체크한 뒤, 원하는 색상 및 선 굵기를 설정하고 '적용'을 누른다.

5. 매매내역

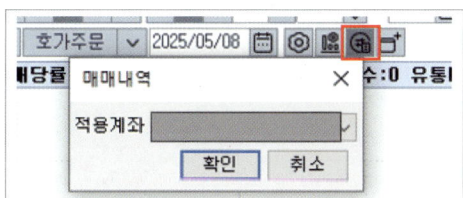

매매내역 아이콘(빨간색 박스)을 클릭한 뒤, 매매한 계좌를 선택하면 차트상에 해당 계좌의 매매내역이 표시된다.

이를 통해 과거 매수·매도 시점을 시각적으로 확인할 수 있어 복기에 유용하다.

6. 상/하한가 표시

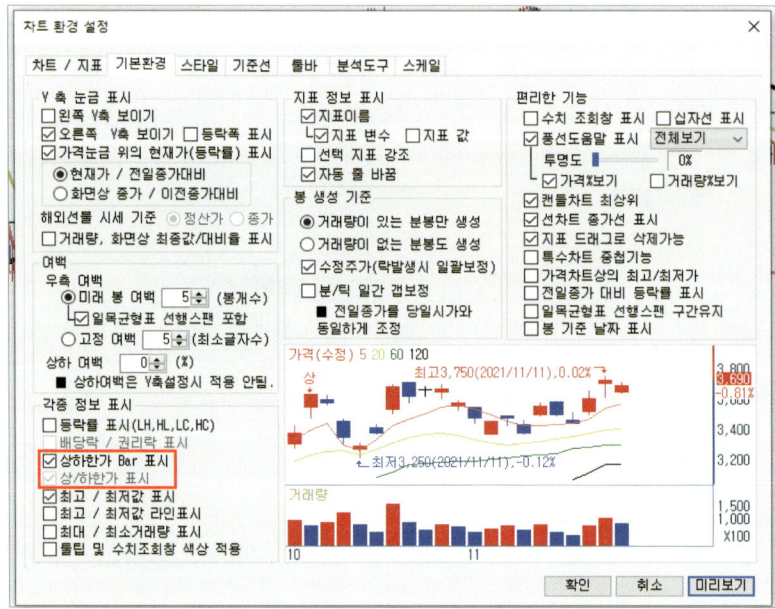

차트 화면에서 마우스 오른쪽 버튼을 클릭한 후, '차트 환경 설정' 메뉴에 진입한다.

이후 하단의 '상하한가 Bar 표시' 및 '상/하한가 표시' 항목에 체크하면, 차트에 상한가와 하한가 정보가 시각적으로 표시된다.

또한 이 설정창에서는 사용자의 필요에 따라 다양한 정보 항목을 추가로 선택하여 표시할 수 있다.

7. 종목 메모장

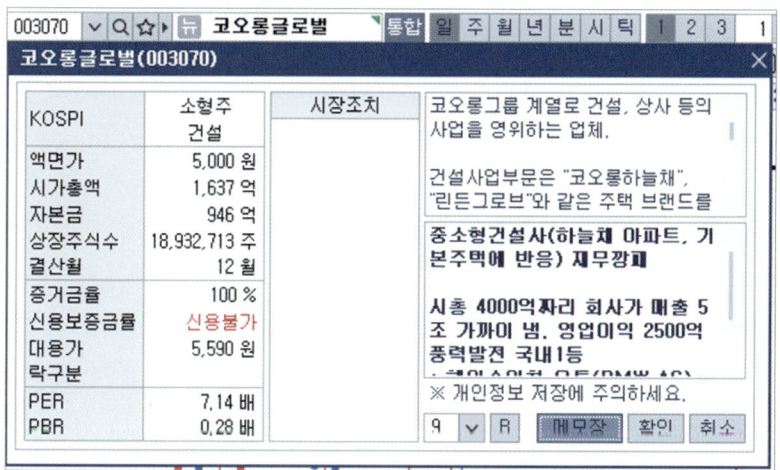

차트 상단의 **종목명 칸을 더블 클릭하면 '메모장' 기능이 활용 가능하다.** 해당 종목에 대한 기록을 남겨두자. 기억보다 기록이 '수익'에 도움을 준다.

8. 대각선, 가로선, 도형/텍스트

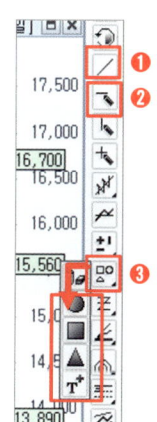

❶ 대각선 : 추세선 그을 때 활용한다. 상승/하락 추세를 시각적으로 표시하는 데 유용하다.

❷ 가로선 : 지지/저항선을 그을 때 활용한다. 가격대별 의미 있는 구간을 쉽게 표시할 수 있다.

❸ 도형/텍스트 : 차트의 특정 지점에 강조 표시

나 메모를 작성할 때 유용하다. 예를 들어, 삼각형, 사각형 등으로 중요한 지점을 표시하거나, '이슈 발생일' 등 텍스트로 메모를 남길 수 있다.

MTS 세팅

1. 즐겨찾기

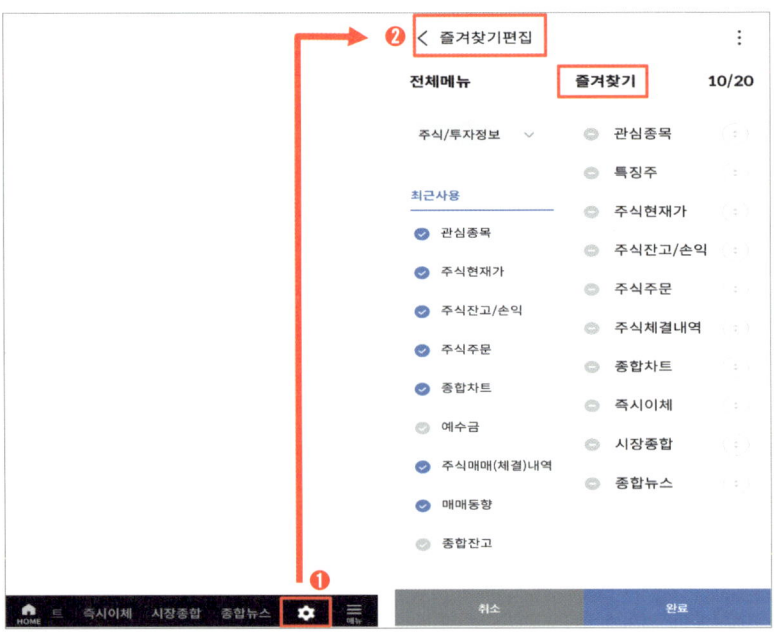

한 번 배우면 평생 써먹는 ETF 투자법

① 화면 하단 메뉴에서 왼쪽으로 눌러서 밀면 톱니바퀴 아이콘(설정)이 나타난다. 이를 선택하여 즐겨찾기 편집 화면으로 진입한다.

② 즐겨찾기 편집 화면에서는 자주 사용하는 메뉴를 선택하고, 즐겨찾기 내에서 원하는 순서로 정렬할 수 있다.

2. 호가창

① 금일 거래량 : 해당 종목의 당일 누적 거래량이 표시된다. 투자심리 및 체결 강도를 판단하는 데 참고할 수 있다.

② 매도호가창 : 상단에는 매도 대기 물량이 표시되며, 각 가격대별로 매도 희망 수량과 해당 가격이 함께 나타난다. 일반적으로 위쪽에 위치한다.

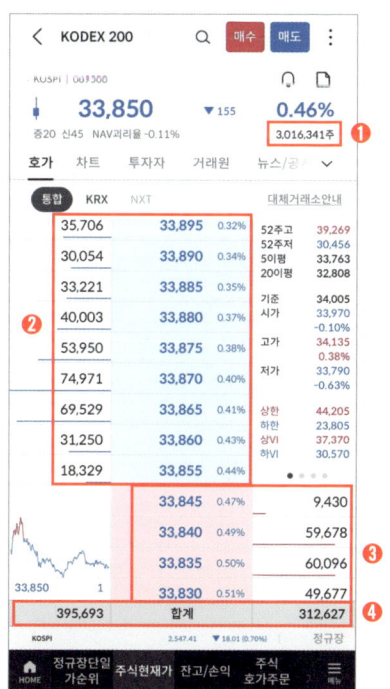

③ 매수호가창 : 하단에는 매수 대기 물량이 표시되며, 매수 희망 수량과 해당 가격이 함께 나타난다. 매수심리를 파악하는 데 활용된다.

❹ 잔량 : 매도잔량, 매수잔량이 표시된다.

(매도잔량이 많을수록 주가가 오를 확률이 높다.)

호가창 우측 중앙 네 개의 점(●●●●)은 페이지 전환 기능이다.

- 첫 번째 점에서는 종목의 주가 관련 정보(52주 최고가·최저가, 이동평균선, 기준가 등)를 확인할 수 있다.
- 네 번째 점으로 이동하면, 종목의 기본 정보(업종, 시가총액, PER, PBR 등)를 열람할 수 있다.

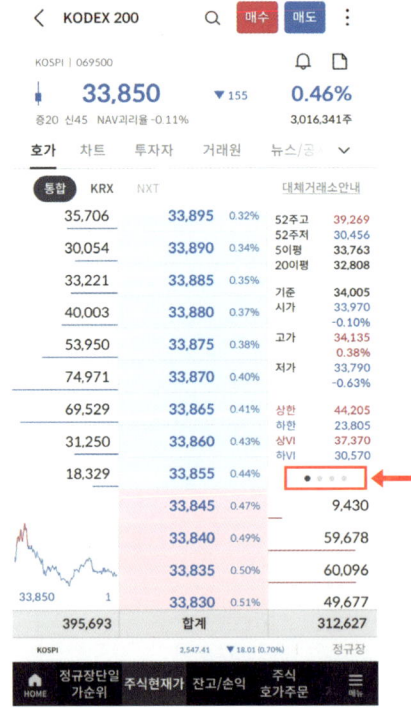

한 번 배우면 평생 써먹는 ETF 투자법

3. 지수 차트 확인 방법

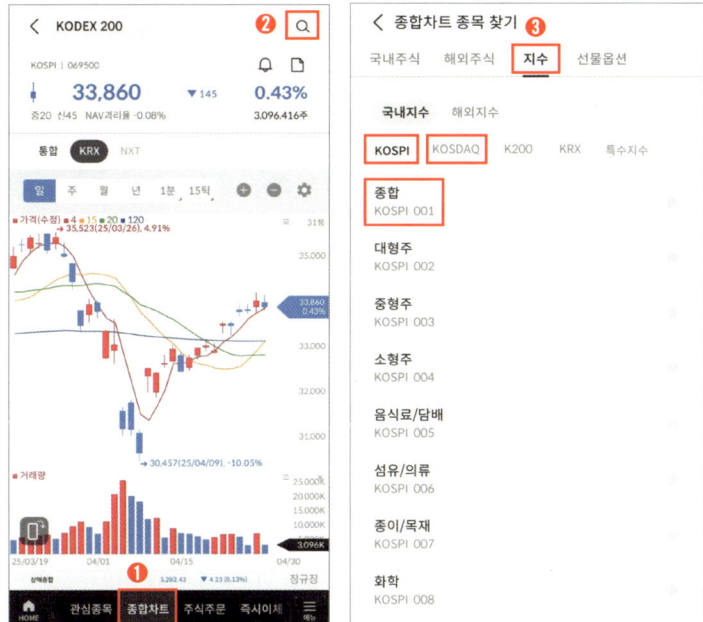

① 하단 메뉴에서 '종합차트'를 누른다.

② 상단의 '검색바'를 클릭한다.

③ '종합차트 종목 찾기' 화면에서 상단 탭 중 '지수'를 선택한 뒤,
KOSPI 또는 KOSDAQ 등의 지수 항목을 고르면 해당 지수의
차트를 확인할 수 있다.

이를 통해 시장 전체 흐름이나 섹터별 흐름을 분석하는 데 유
용한 지수 차트를 손쉽게 조회할 수 있다.

4. 기타 기능

1. 보조지표(이동평균선, 거래량 등) 설정 방법

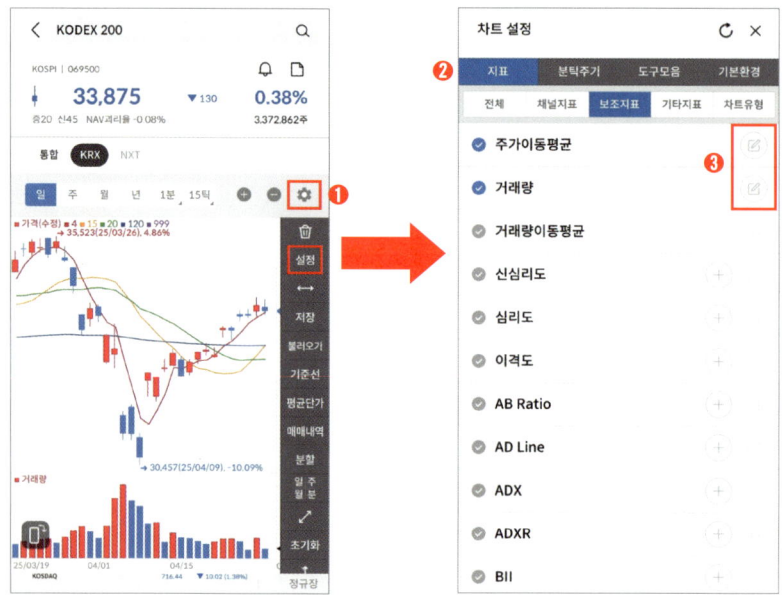

❶ 차트 화면 우측 상단의 톱니바퀴 아이콘(설정)을 누른 뒤, 우측 사이드 메뉴에서 '설정'을 선택한다.

❷ '차트 설정' 화면에서 '지표' → '보조지표' 항목으로 이동하면, 주가이동평균선(이평선), 거래량 등 주요 지표들을 선택 및 설정할 수 있다.

❸ 우측의 연필 모양 아이콘을 클릭하면, 기간, 색상, 선 굵기 등 세부 설정도 가능하다.

이 기능을 활용해 자신의 투자 스타일에 맞는 이평선 환경을 구성하면 보다 직관적인 차트 분석이 가능해진다.

2. 이평선과 거래량 설정 방법

 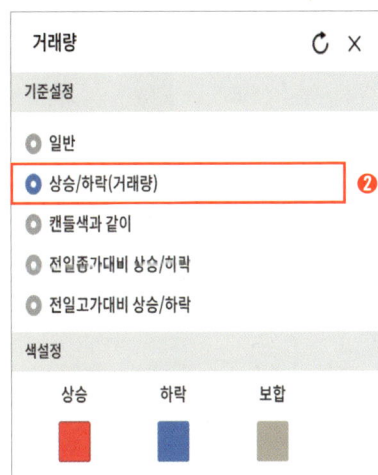

❶ '이동평균선(이평선)'은 체크박스를 클릭하여 활성화한 뒤, **숫자 (기간), 색상, 선 굵기** 등을 자유롭게 설정할 수 있다.

　예 4일, 5일, 15일, 20일, 120일, 999일 등 자신에게 맞는 주기로 설정 가능.

❷ **거래량은 반드시 '상승/하락(거래량)'** 기준으로 설정하는 것을 권장한다. 해당 설정을 통해 거래량이 직전 거래량에 비해 상승일 때와 하락일 때 각각 다른 색상으로 표시되어, 차트 해석을 직관적으로 할 수 있다.

3. 당일 시가 / 평단가 / 매매내역 표시 설정

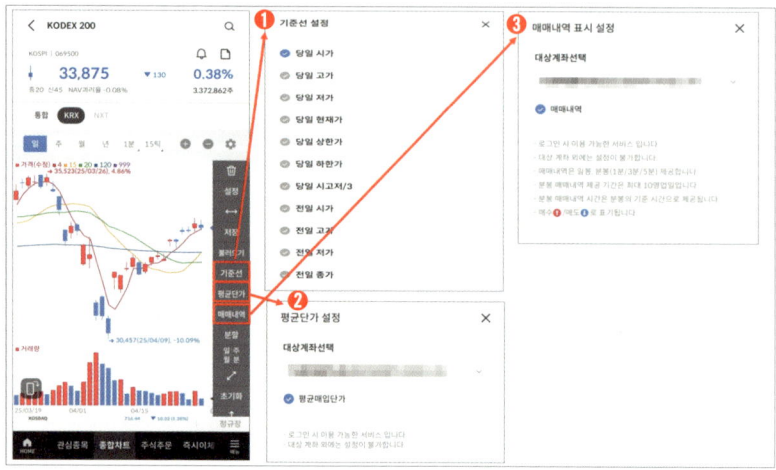

① 기준선 설정 메뉴에서는 당일 시가, 고가, 저가 등 원하는 가격 기준선을 설정할 수 있다. 이를 통해 차트에 의미 있는 가격 구간을 선으로 표시하여 참고할 수 있다.

② 평균단가 설정에서는 사용자가 매매한 계좌를 선택하면, 해당 종목의 평균 매입단가가 차트 상에 표시된다. 이를 통해 현재가 대비 손익을 직관적으로 확인할 수 있다.

③ 매매내역 표시를 활성화한 뒤 계좌를 지정하면, 매수/매도 시점이 차트에 화살표로 시각적으로 표시된다. 이는 복기에 유용하다.

한 번 배우면 평생 써먹는 ETF 투자법

4. 금액(추세선 수치 표시)

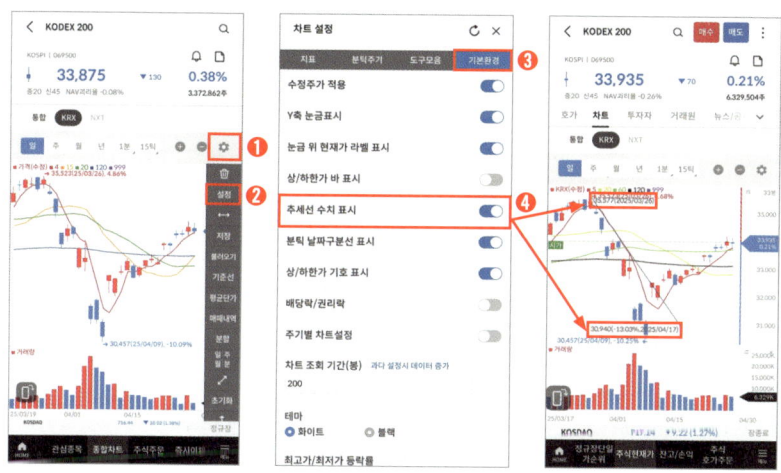

*상단 35,577 그리고 하단 30,940 이것이 추세선 수치임.

❶ '톱니바퀴 모양'을 선택한다.

❷ '설정'을 선택한다.

❸ 차트 설정에서 '기본환경'을 선택한다.

❹ '추세선 수치 표시'를 활성화한다. 단기를 누르면 차트에 추세 선 숫자가 표시된다.

5. 알람 설정 / 메모장

❶ 알람(🔔) 아이콘을 클릭하면 목표가 알람을 설정할 수 있다. 원하는 기준가격과 목표 수익률 또는 목표 가격을 입력하면, 해당 가격 도달 시 자동으로 알람이 전송된다. 특히 목표가를 직접 입력하는 방식이 간편하며 실용적이다.

❷ 메모장(📝) 아이콘을 클릭하면 해당 종목에 대한 기록을 확인하거나 작성할 수 있다. 이 메모장은 HTS와 연동되어 있어, 작성한 내용을 PC에서도 그대로 확인 가능하다.

한 번 배우면 평생 써먹는 ETF 투자법

6. 분할화면

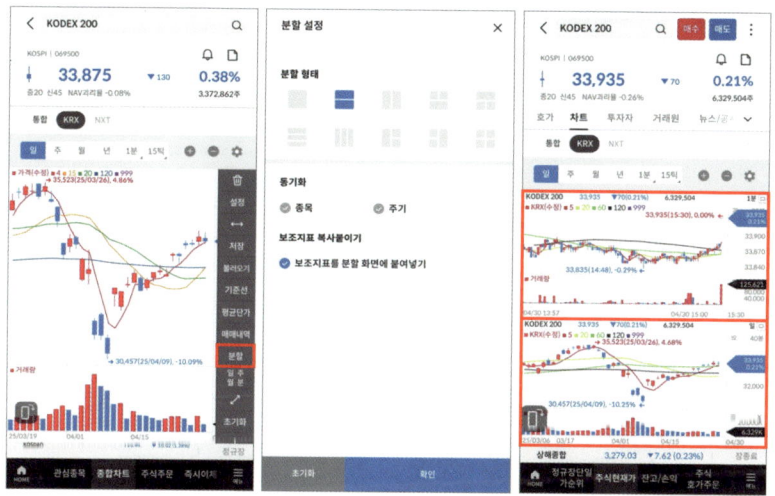

MTS에서도 분할화면 설정이 가능하다.

우측 메뉴의 '분할' 버튼을 누르면, 원하는 분할 형태를 선택하여 차트를 나눠서 볼 수 있다.

- 또한, 종목 또는 주기 동기화 설정을 통해 연동 여부를 조절할 수 있으며,

- 보조지표 복사 기능을 통해 기존 차트에 설정된 보조지표를 분할된 화면에도 동일하게 적용할 수 있다.

이를 통해 한 종목의 다양한 주기나 복수 종목을 동시에 분석할 수 있어 활용도가 높다.

7. 주식자동주문(자동매매기능)

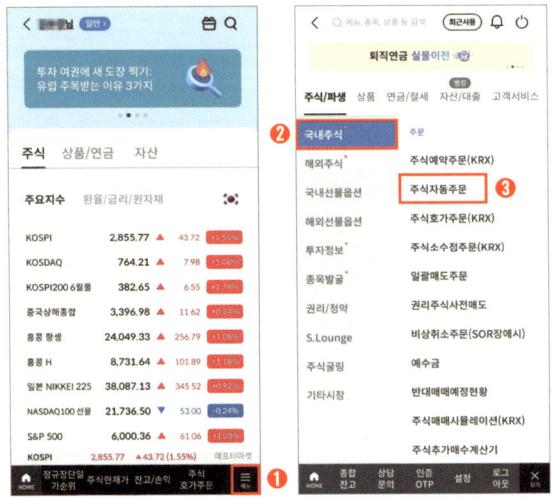

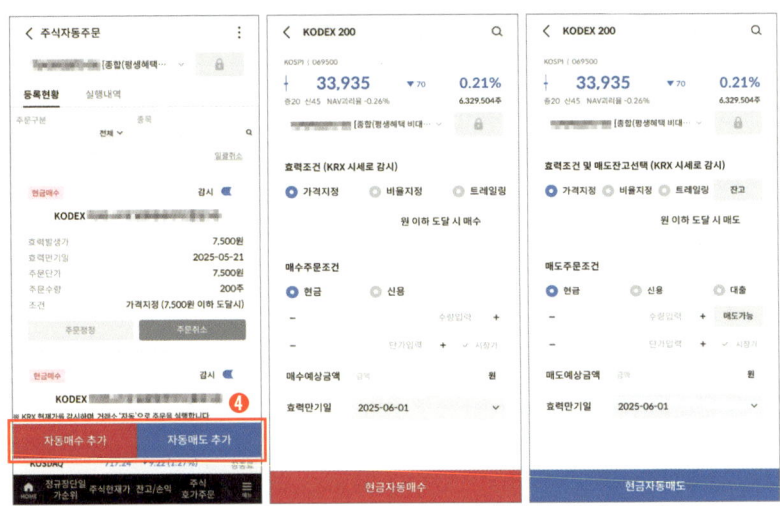

한 번 배우면 평생 써먹는 ETF 투자법

❶ 하단 오른쪽의 '메뉴' 버튼을 클릭한 뒤,

❷ '국내주식'을 선택하고,

❸ '주식자동주문' 항목으로 진입한다.

　　※ 해당 메뉴를 즐겨찾기에 등록해두면 하단에서 바로 접근할

　　　수 있어 편리하다.

❹ 자동매매 화면에서는 '자동매수' / '자동매도' 항목을 선택하여

　조건을 설정한다.

　효력 조건은

　　• **가격 지정**　　• **비율 지정**　　• **트레일링**

　등으로 설정할 수 있으며, 매수/매도 조건은 원하는 가격대와

기간, 주문 방식에 따라 자유롭게 설정 가능하다.

한 번 배우면 평생 써먹는 ETF 투자법

1판 1쇄 발행 2025년 7월 14일
1판 4쇄 발행 2025년 11월 15일

지은이 윤영준
발행인 김태웅
기획편집 이미순, 박지혜, 이슬기
디자인 유어텍스트
마케팅 총괄 김철영　　　　　　　**마케팅** 서재욱, 오승수
온라인 마케팅 박예빈　　　　　　**인터넷 관리** 김상규
제작 현대순　　　　　　　　　　**총무** 윤선미, 안서현
관리 김훈희, 이국희, 김승훈, 최국호

발행처 ㈜동양북스
등록 제2014-000055호
주소 서울시 마포구 동교로22길 14(04030)
구입 문의 (02)337-1737　　　　　**팩스** (02)334-6624
내용 문의 (02)337-1763　　　　　**이메일** dymg98@naver.com

ISBN 979-11-7210-114-5 03320